考え方や行動をプラスの方向に導く

価値語100ハンドブック

菊池省三・本間正人・菊池道場

中村堂

価値語100ハンドブック　もくじ

第四章　価値語Ⅱ　不易と流行

第一章

「価値語」の誕生とその意義

――「はじめに」に代えて

菊池道場　道場長　菊池　省三

「クラスの雰囲気は□□で良くも悪くもなる」
□□には何が当てはまるでしょう？　平成27年12月、教育バラエティ番組「世界一受けたい授業」（日本テレビ系列）に出演しました。これはそのとき、私が取り組んできた実践を元に出題された問いです。

答えは……そう、「言葉」です。成長に向かっている学級にはプラスの言葉があふれています。一方、荒れたクラスにはマイナスの言葉が飛び交っています。人は誰でも新しい言葉を知ると使いたくなるものです。言葉は実体験を求めるのです。つまり、プラスの価値ある言葉を、子ども一人ひとりの心の中にどれだけ届かせることができるかが、学級づくりを大きく左右すると言えるでしょう。

子どもが自らを奮い立たせるよう、私は4月から節目ごとにいくつかの進むべき道を示してきました。8年ほど前に取り組み始めた頃は、成長するAと現状のまま滞っているBの2つの道でした。しかし、4年前からAのさらに上を行くSA（スーパーA）という3つめの道が出てきました。斜めに伸びていく緩やかな曲線のAの道に対して、SAは途中からぐんと加速して上がっていく曲線です。自分一人の成長をAとするなら、SAは自分だけでなく学級全体を考え、みんなで成長していこうとするものです。SAは、子どもたちとのかかわりの中で生み出された言葉です。さらにその2年後、子どもたちから「SAのその先に」という価値ある言葉が生まれました。自分の考え方や行動をプラ

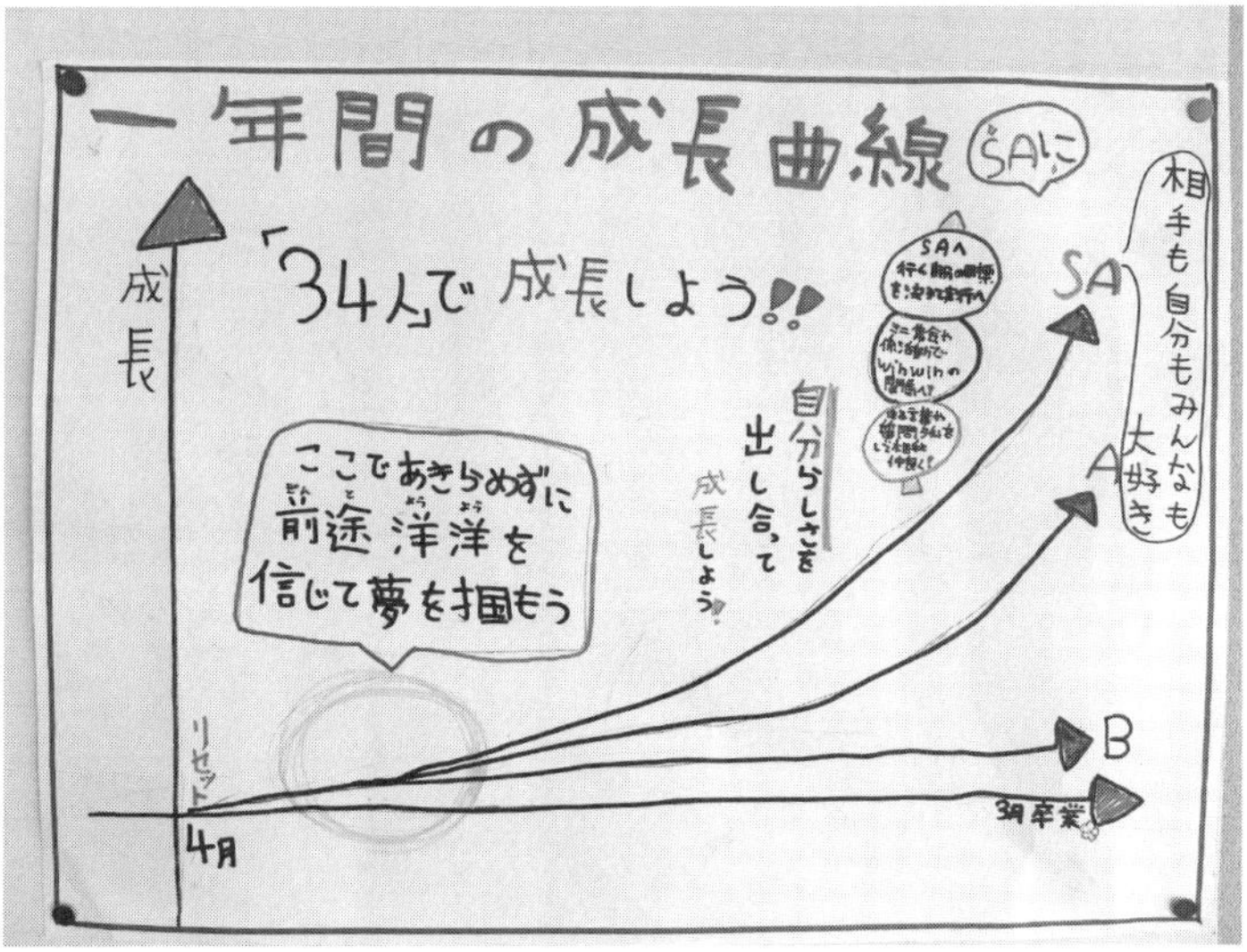

スに導く「価値語」が、子どもたちの中から新しく誕生したのです。

こうした「価値語」は、学級や集団の全員が共有する文化です。「価値語」とは、単に既存の言葉を指すだけでなく、子どもたちとともに創り出していくものでもあります。まさに、「言葉は生き物」だと言えるでしょう。

私が「価値語」に取り組むようになったのは、8年ほど前のことです。6年生を受け持ち、文集づくりに取り組んだとき、子どもたちに自分の好きな文をあげてもらうことにしました。「話し合いは戦だ」「私、します」など、1年間みんなでともに学んできた価値ある文がいくつも並びました。

さらに翌年には、自分が印象に残っている「価値語」を使って、色紙にあいだみつを風に文章をまとめました。

・「集団」一人で行動できる人の集まり。
・納得解　みんながつながる　一つにまとまる。
・「会釈」ってさあ　さりげなくやるのがいいんよね。うん。

子どもたちは、教室の壁に貼り出された力作を満足げに眺めていました。

「価値語」はもともと、子どもたちにぴりっとした緊張感をもたせたいときの言葉がけでした。いわば、指導のために使用していたものです。それを子どもたちが「菊池語録」として活用するようになり、やがて子ども自身が考えるようになっていきました。

「価値語」は毎年、私の中に蓄積され、新しい学級で指導していきました。そこでまた新たな「価値語」が生まれることを繰り返し、年を重ねるごとに少しずつ増えていったのです。

「一人が美しい」「沈黙の美しさ」「行動の敬語」「一人も見捨てない」「出席者ではなく参加者になれ」「着手スピード」「仮面をかぶれ」「教室は家族」「公に強い人になろう」といった「価値語」が、次々と子どもたちの生活や学習を劇的に変えていきました。毎年、私の指導から「価値語」を知り、自分たちで創り続ける子どもたちは、素敵な成長を繰り返してくれたのです。

この私の実践が、全国ネット菊池道場の広がりと共に、全国の多くの教室で行われるようになってきました。「子どもたちの生活態度が落ち着いてきました」「学級の人間関係がよくなりました」「学習に向かう構えができてきました」「子どもたちの言葉への意識が高まってきました」といったうれしい言葉を耳にすることが増えてきたのです。この実践を取り入れているそれぞれの学級独自の「価値語」も続出しています。

そのようなときに、コーチングの第一人者である本間正人先生と対談させていただく機会がありました。その対談時に、「価値語ハンドブック」という企画を提案していただきました。「言葉で人間を育てる」といった話題が盛り上がっていた中でのことでした。

その後、小学校の教室でのこの実践が、社会人にも役立つと判断していただいた本間先生のご指導を受けながら、特に「価値語」の指導に力を入れている菊池道場広島支部の重谷由美氏、赤木真美氏のご協力を得て、本書ができあがりました。心から感謝しています。また、企画段階から構成に至るまで株式会社中村堂の中村宏隆氏にも大変お世話になりました。ありがとうございました。

「価値語」が、そして本著が、小学校の教室だけではなく、広く社会をもプラスに導くものであることを確信しています。

第二章

「価値語」がつくる温かい教室

本間　正人

言葉が行動を規定する

「価値語」とは、「価値ある言葉」「人間社会で生きていくために大切な価値を象徴する言葉」を指します。本書でとりあげた「一人が美しい」「D語よりY語」「行動の敬語」など、毎日の行動の指針となるような言葉が、実際に使われているのを見ると、とても頼もしく、心強く感じます。

今の子どもたちが頻繁に発する言葉の中には、その正反対のものが多いのが実状です。学校の教室で、「むかつく」「殺す」「死ね」といった言葉が濫用されるのを耳にすると悲しい気持ちになります。あるいは「無理」「ダメ」「どうせ」「でも」「だけど」など、大人にも、ネガティブな言葉を使いすぎなのではないでしょうか？　残念ながら、マスメディアにも、マイナスな言葉が氾濫・蔓延している現状があります。

思考は言葉によって構成されますから、語彙力の貧困は、思考力の発達を阻害します。ネガティブな言葉は、ネガティブな思考、行動、そしてネガティブな生き方をもたらしてしまうのです。マイナスな言葉は、脳に損傷を与え、健康を害するという説さえあるほどですが、少なくとも、心にはマイナスの影響を与えると言って間違いないでしょう。

仏教では、「正見、正思惟、正語、正業、正命、正精進、正念、正定」の基本的な徳をまとめて「八正道」と呼びます。菊池学級における価値語は、まさに現代社会における「正語」。ポジティブな言葉が、ポジティブな行動、そして、ポジティブな人生を実現する鍵になるのです。

ところが、小学校のカリキュラムの中で、漢字の読み書きに関しては、かなりの時間が使われている一方、ボキャブラリーを豊かにする取り組みは薄い傾向があります。

米国の大学・大学院の入学基準となる標準試験（SAT、GRE）などでは、語彙力そのものが問われます。それは、語彙力が入学後の成績に比例するという研究データがあるからです。

アウトプットが大切

教師など、教育関係の仕事にたずさわる人は、平均以上に「勉強好き、あるいは、勉強が得意」な傾向が強いので、大事なことを「教え込もう」とするきらいがあります。もちろん、教科書的に「この言葉はこういう意味で、こういう時に使うのだ」という知識を伝授すること（子どもたちにとってのインプット）も大切です。

しかし、「〇〇という言葉の意味は云々」と辞書的な知識をインプットするだけでは、身に付きません。一方通行のレクチャーで教わっただけでは、本当にその子の財産になったとは言い難いのです。

語彙にも二通りあり、「読めば意味がわかる言葉」を「パッシブ・ボキャブラリー」と言います。読書習慣のある子どもは、低学年でもけっこう難しい言葉を知っていたりします。

他方、会話や作文の中で実際に使える言葉を「アクティブ・ボキャブラリー」と呼びます。同学年のこどもたちのアウトプット、たとえば作文や課題発表を見ると、語彙力の差が歴然と存在することに気づきます。

菊池省三先生が提唱し、広めてこられた「ほめ言葉のシャワー」の取り組みは、観察力と表現力と思考力を駆使する、まさに「アウトプットの実践」です。

毎日、一人の子どもの素晴らしいところ、頑張った軌跡、成長したことなどを、学級の他の子どもたちが一人ひとり、すくっと立ち上がり、伝えていく数分間のコミュニケーション教育。

ある単語や熟語の辞書的な意味が分かるかどうかではなくて、目の前にいる主人公のことを観察し、どんな表現が、最もふさわしいかを比較勘案します。そして、他の子どもが用いた言い回しに接することで、その言葉がどのような文脈で使われているかということを学ぶことができます。

たとえば、小学校6年生が「率先垂範」とか「勇気」あるいは「潔い」という言葉は知っていたとしても、こうした言葉を実際に使うことはめったにないでしょう。アクティブ・ボキャブラリーになっておらず、宝の持ち腐れ状態に終わっているケースが多いと思います。

観察力は、主人公に対してだけでなく、ほめる側の多くの同級生に対しても向けられます。友達が気のきいた表現を使うのを聞いたのがきっかけとなり、辞書で調べて使おうとしたりすることもあるはず。こうして、日常的に、文脈の中で多彩な価値語やほめ言葉を使う体験学習が行われているのです。

ですから、「ほめ言葉のシャワー」を導入している学級とそうでない学級を比較して、対照実験を行えば、アクティブ・ボキャブラリーに関して、大きな違いが出るだろうと推測します。今後、こうした実証的な研究が行われることが期待されます。

心と心の通い合う関係性をつくる

菊池先生は「言葉で人を育てる」とよくおっしゃいます。「価値語」は、まさに個人を育て、学級内での人間関係を醸成するベースです。特に、客観的な事実関係だけでなく、主観的な情緒・感情を表現する言葉が、心と心の通い合うコミュニケーションの核になります。

多くの学校のほとんどの教室では、知識を伝授する言葉は盛んに飛び交いますが、気持ちを表す言葉の使用頻度は高くないのが実状です。しかし、社会に出た後、「ＩＱよりもＥＱが大事」と言われます。ペーパーテストのスコアは抜群でも、社会人としてはあまり活躍できなかったという人もいる一方、学校時代の成績は低空飛行でも、大人になってから大成功を収める人もいます。

菊池先生の実践は、ＩＱ（Intelligence Quotient = 知能指数）中心からＥＱ（Emotional Intelligence Quotient = 心の知能指数）中心への静かな革命であり、その柱の一つに「価値語」が位置づけられると思うのです。ＥＱは、自己理解、他者理解、他者との関係構築などの要素で構成され、菊池学級ではまさにそれが実践されています。

そして、「自己理解、他者理解」の一つの切り口は、自己や他者を描写する語彙が的確であることです。「温かい」「思いやりがある」「正直だ」「まっすぐだ」などという形容詞・形容動詞のレパートリーが広いと、自他を認識するピントが合いやすくなります。菊池先生の「価値語」は、ＥＱのキーワードとかなり共通性が高いのです。

論語の冒頭には「学んで時に之を習う、またよろこばしからずや」という一節が登場しますが、「価値語を学び、ＴＰＯに応じて活用することが、人間的成長の重要な柱であり、かつ、それは心楽しいこと」なのです。本書で取り上げた価値語の中には、状況認識に関するものも多く含まれており、毎日の実践を通じて、教室が明るく、温かく、楽しくなっていきます。

非言語表現にも注目

コミュニケーションには、様々な分類の切り口があります。一つの分類軸は、「言語表現 vs 非言語」というもの。どちらも大切ですが、価値語はまさに前者の「言語表現」の能力を高める取り組みと言えるでしょう。

と同時に、「ほめ言葉のシャワー」を学級内で行う場合、「非言語コミュニケーション能力」を高めていく配慮も重要です。たとえば、月並みな表現だったとしても、伝え方次第で、心に届くこともあります。逆に、高度な語彙を駆使していても、原稿の棒読みでは相手の心に伝わりません。

また、多くの人の前で発言することに抵抗感を覚える子どもも少なからず存在します。教師は、言葉を発するときの、一人ひとりの子どもの表情や動作、声の震えなどを細かく観察して、必要に応じて、個別のフォローを行うことが大切です。

主人公の側が、言葉を受けとめる時の表情も見逃せません。コミュニケーション能力は、言語と非言語があいまって、トータルな表現力として伸ばしていくことが大切なのです。「価値語」を使いこなす実践により、一人ひとりの子どもが輝き、教室全体が温かい家庭のような居場所になっていくことでしょう。

本書では、多くの「価値語」から100を選び出し、25語ずつを4つのジャンルに分類して提出しました。

価値語Ⅰ　MFC（Mother Father Child)
価値語Ⅱ　不易と流行
価値語Ⅲ　個と集団
価値語Ⅳ　コミュニケーション

各ジャンルの中で、「価値語」を50音順に並べてあります。

そして、見開き2ページで1語ずつ「価値語」を解説しています。

「価値語」について、右ページでは、端的に意味を紹介するとともに、その「価値語」の誕生した背景と教育的価値を解説しています。

左ページには、その「価値語」を象徴する場面の写真を掲載したうえで、「価値語」についての理論的解説と、社会の中での応用の可能性などについて考察しています。

右ページと写真は、菊池省三および菊池道場広島支部のメンバーが執筆を担当しました。

左ページ下の考察は、本間正人が執筆を担当しました。

第二章

価値語 I

MFC (Mother Father Child)

人が成長する上で、「母性」「父性」「子ども性」はとても重要です。

まず、「母性」とは、「やさしさ」のことです。生きていると、一生懸命に頑張ってもうまくいかないこともあります。そんなとき、人は「やさしさにあふれた言葉」に癒されるものです。

次に、「父性」とは、「厳しさ」のことです。人の心はいつも強いわけではありません。ついつい甘えてしまい、努力もせずに、うまくいかないと嘆くこともあるのです。そんなとき、人は「厳しく自分を戒める言葉」で目を覚ますことも必要なのです。

そして、「子ども性」とは、「無邪気で前向き」ということです。自他のマイナス面ばかりに目を向けず、よいところを見つけながら、ポジティブな生活を送ることで、もっと人生は楽しくなります。

「母性」「父性」「子ども性」のバランスを意識して、自分自身を磨き、成長させていきたいものです。

価値語❶

秋のりす力（前準備力）

行動に見通しをもち、前もって準備をしましょう。

「秋のりす力」は、りすが冬に備えてどんぐりなどを準備するように、前もって準備する力のことを言います。

写真は、四時間目の音楽教室での授業に行く前のものです。授業後の給食時間のことを見越して、班机にしたり、エプロンを置いたりして、前準備をしています。

こうすることで、帰ってきてすぐに、給食の準備に取りかかることができます。

行動に見通しをもち、前もって準備する「秋のりす力」という価値語が誕生しました。

この価値語が誕生してから、午後からの授業に備えて特別教室の鍵をすすんで取りに行ったり、大きな行事に備えて、あらかじめ行事の目標（成長年表）を考えたりするようになりました。徐々に自分たち主体で先の行動を見通し、取り組むことができるようになっていったのです。

社会生活でも、前準備をすることで、仕事や家事の能率を上げ、みんながゆとりをもって快適に暮らせるようになっていきます。

計画性は無駄を省きます。締切の直前になって、あたふたと宿題に取り組むパターンの人は、どうしても「やっつけ仕事」になりがち。予め計画的にこなしていく人は、余裕をもって完成させ、最後に見直し、さらに改善することが可能です。

ビジネスの世界では「段取り八分」と言われますが、仕事の段取りをきちんとしておけば、その仕事は八割方完了したも同然であるという意味です。

そして「最高の仕上がり」の映像を脳裏に描いてからスタートした方が、実現する可能性が高くなるのが「イメージトレーニング」の基礎理論。事前準備の周到さが、事の成就・不成就を決めるのです。

価値語❷

汗にまみれろ　泥にまみれろ

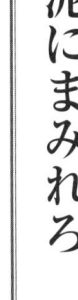

外面だけでなく、内面の美しさまでを磨きましょう。

ともすれば、人は外面だけの美しさに心をひかれがちです。しかし、外面には内面の美しさも表れます。

写真は、運動会の全体練習のものです。準備体操の後に背中に砂が付きました。誰もがすぐに背中の砂を払いたい衝動に駆られることでしょう。しかし、ここは「公の場」であり、「私」より「公」を優先しようという気持ちがあったのでしょう。彼は一切砂をはらうことなく、すくっと立ち上がり、話す人の方に正対していました。

全体練習だけでなく、その後ひざをつく学年演技練習でも、砂をはらうことなく集中していました。この姿から、「美しい内面」を読み取っていくことを大切にしたいものです。

人は、「汗にまみれ　泥にまみれ」ながら大きく成長していくものです。一見「汗にまみれる、泥にまみれる姿」であったとしても、そこには内面の美しさが必ず存在します。

内面の美しさを磨くことで、外面だけに左右されない、心強き人を育んでいきます。

畑から作物を収穫するためには、畑に踏み入り、土の中に手を入れることが必要です。作業着や手が汚れることを嫌がっていては、成果を手に入れることはできません。

体育会系クラブの参加率が低下し、「帰宅部」の比率が高まっている今日、実際にグラウンドで汗を流し、土埃にまみれて、練習する若者の数は減っているのではないでしょうか？　しかし、だからこそ、手が、額が、全身が泥まみれになることを厭わないがむしゃらさが求められているのです。

手を汚さず「小手先のスマートさ」から得られるものより、自らの汗と努力でつかみとったものの方が大きな価値をもちます。

価値語③

遊ぶときは　無邪気になれ

遊ぶときは無心に無邪気になろう。

無邪気には、「あどけなくて素直なこと」という意味があります。

いつもいつもまじめに過ごすばかりでは、肩に力が入ってばかりになります。遊ぶときくらいは、何もかも忘れるくらい「無邪気」になり、リフレッシュしてほしいものです。

写真は、遠足の自由時間の遊びの様子です。1年生と6年生が一緒にずっと鬼ごっこをしていました。そこには、「一緒に遊んであげる」のではなく、「一緒の時間を思い切り楽しむ」姿があふれていました。

ある男の子は、遠足後の作文に、「ずっとずっと鬼ごっこをしていた。休みながら、隠れながら何時間鬼ごっこをしたのだろう。史上最長の鬼ごっこだったし、史上最高の鬼ごっこだった」と書いていました。

日頃のルールとか規律とかを一日どこかに置いて、思い切り無邪気に遊ぶことで、次への活力が湧いてきます。

大人も、いい意味で童心に返り、「遊ぶときは、無邪気になれ」でいきたいものです。

洋の東西を問わず「よく学び、よく遊べ」という諺があります。子どもの全人格的な発達のために「遊ぶ」ことは、きわめて重要なのですが、これまで学校教育の中では狭い意味での「学び」が偏重されてきたのではないでしょうか?

「こんなことをしたら格好悪い」「どう思われるだろうか」といった打算や計算を脇において、意識を「ここ」に集中し、五感を駆使して、今を楽しむのが遊びの王道なのです。

語源的に言えば、「邪気」を祓うのが「無邪気」。世の中に蔓延する「邪気」を、遊びのエネルギーで払拭したいものです。

価値語④ いい意味でバカになれ

時には恥ずかしさを捨てて自分を表現することも必要です。その場に応じて思い切る勇気を持ちましょう。

運動会のダンスや音楽の合唱などで、動きの小さい子や、声が出ていない子はかえって目立ちます。自分を表現することに慣れていないために、思い切って自分をさらけ出すことができないのです。

互いに認め合うことができている学級では、写真のようにみんながいきいきと自分を表現することができます。

日常の中で公を意識し、集団としての在り方を理解していれば、自分だけやらない、できないという子どもはいなくなります。さらに、レベルアップさせるには、力が必要です。「バカ力」です。いつもの公の自分にプラス意識して「演じる」「仮面をかぶる」のです。「バカ力」をもった子どもを、大切にし、日頃から、その行動を取り上げて具体的に価値付けします。

社会に出たとき、人前で堂々と自分を表現できる態度と心は子どもたちの宝物になっていくと思います。

「バカになりきれない」理由のトップは、中途半端なプライドを守ろうとする意識。「私にはそんなことできない」という過去のセルフイメージにとらわれていると、新しいチャレンジに踏み出せません。

現状にとどまる言い訳を頭の中で繰り返すとき、成長のチャンスを逃してしまいます。

みんなのために「バカになる」必要はありません。自分の成長のために、過去の殻に訣別し、今までに体験したことのない挑戦をすることで、自己認識を毎日、バージョンアップしていくことができます。

「大賢は大愚に似たり」。ドン・キホーテはいい意味で、バカになりきれる英雄だったのかも知れません。

価値語❺ エンドロールを大切に

最後の最後までを大切にしよう。

写真は、三月の修了式前に、教室横の黒板に、書かれたものです。最後の最後まで「成長したい」という気持ちにあふれています。

この価値語を大切にすることで、「やり遂げることの大切さ」や「どんな物事も最後まで緊張感を持って臨むことの大切さ」まで意識を広げていきたいものです。

江戸時代後期の農政家・二宮尊徳は、「うまく切られていないたくあんを見て、作るまではたいへんな作業があるのに、最後の最後で気を抜く。だから成功しない」と説いています。どんな物事も最後の最後までを大切にしていきたいものです。

エンドロールは、映画の最後に出る字幕のことです。エンドロールでは、役者さんだけでなく関わったスタッフ、協力した団体、企業などの名前が流れます。なるほどと頷いたり、意外な発見があったりするなど、映画の奥行きを示す、大切なまとめの部分です。時には、特典映像が流れることもあります。エンドロールまでが一つの作品だと思うのです。

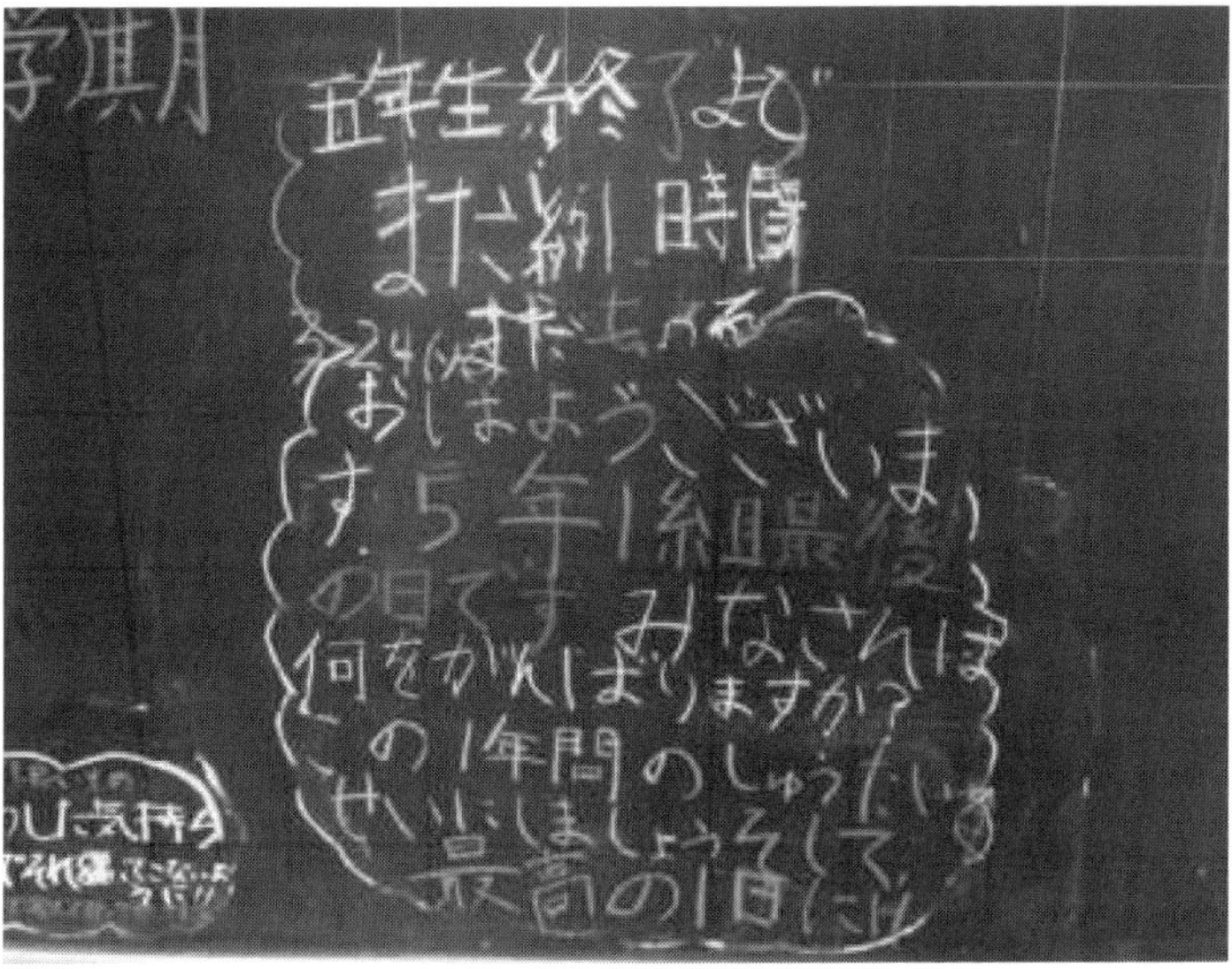

「百里の道を行くものは九十九里をもって半ばとすべし」

目標達成まで、ほんのあと少しのところまで来ても油断せず、まだ半分残っていると思って気を引き締めていくことが大切、という意味です。

そして、作文でも、授業でも、行事でも同じですが、どんな「後味」「余韻」を残すかに心を配りたいですね。「やり遂げる」のは「私」のこと。ここでの「公」は、読む人、聴講している人、参加してくださっている人への視点です。

「画竜点睛を欠く」ではなく「有終の美を飾る」エンディングが全てを決めます。

価値語❻

黄金のすきま時間

輝く時間をつくりだしましょう。

ふとした時にすきま時間はできるものです。そのすきま時間をのんびりと過ごすこともいいでしょう。しかし目的意識をもって使うことで、充実した時間を過ごすことができます。

写真は、5分休憩に、「ほめ言葉のシャワー」のその日の無茶振り、「『価値語日めくりカレンダー』の言葉を使ってほめる」に応えるべく準備をしているものです。二人で価値語一覧表をのぞきこんでいます。二人はこの5分間に、主役にふさわしい言葉を探し出していました。短い休憩時間だけを使って、200ページ位の本を1冊読んだ人もいます。

忙しい日々だからこそ、こうした「すきま時間」を有効に使っていく。そうすることで、その「すきま時間」は輝きを増します。忙しい人ほど、この「すきま時間」の活用が上手だとも言われています。

こうした時間の管理術は、社会生活の中で、大きく役立ちます。早起きした5分間、通勤電車での20分間、スマホを一旦置いて、「黄金のすきま時間」をつくってみませんか。

現代人の悪い口癖の代表が「時間がない」という言葉。時間のとらえ方、使い方が下手だと、あたかも時間がないように感じてしまいます。

まず1週間を7日だと思っているのが大雑把すぎる認識。1週間は168時間。これを円グラフに描くと、42～56時間の睡眠時間をとり、学生なら32～40時間程度の授業時間を確保しても、たくさんの時間が残っていることに気づくはず。

そして、1日に4分「すきま時間」を有効に活用すれば、1年で丸々1日得をする計算になります。「忙＝心を亡くす」ことなく、うまく時間とつきあいたいものです。

価値語⑦

限りなく透明な心

嬉しさも悲しさも共有することで、人とのつながりはさらに深まっていきます。

朝、教室に入ると泣いている女の子がいました。周りには、数名の子どもが寄り添っています。髪を短く切ったことを笑われている気がして悲しくなったのだそうです。話を聞いて、誤解を解きました。心配していた子どもたちもほっとした表情に変わりました。

休憩の後、今度は男の子が泣いていました。話を聞いて、それぞれがどうしたらよいかを考えました。授業が始まっても、数名の子どもが心配そうに、何度もその男の子の様子を見ていることに気付きました。

子どもたちは、本当に優しいなといつも思います。純粋な心でその子の悲しみに寄り添う姿には、人としての温かさを感じます。

このようなできごとを受けて、誰かが悲しんでいたら、自分の身に置き換えて考えてみようとこの価値語が生まれました。

「この人なら分かってくれるかもしれない」

そのような思いをもってもらえるような優しさ、共感する心をもちたいものです。

【参考】「限りなく透明に凛として生きる」（佐藤初女著　ダイヤモンド社）

マスメディアに取り上げられる様々なニュースを目にすると、現代社会に共感力が欠けていること、そして、それを育む必要性を痛感します。

泣くことは決して悪いことでも恥ずかしいことでもなく、むしろ、人として味わう自然な感情をありのままに表出するのは素晴らしいことです。感情表現が、他者の感情に敏感になるセンサーの性能を高めます。

「喜怒哀楽の感情を味わい、表現する」ことと「感情的になる」ことは違います。後者は、自分の感情が制御不能になり、流される状態。そうならないためにも、子ども時代に共感力に磨きをかけることが大切なのです。

価値語❽

価値ある無理をせよ

頑張る気持ち、前向きに取り組む姿勢は人を成長させます。無理だと思えることをやり遂げることで自分の器を広げましょう。

菊池学級のある女の子の言葉です。

「このクラスが自分をネガティブにした。でも、今、このクラスの中で、自分はネガティブをポジティブにしようと努力し続けている」

ほかの子どもたちの語彙力や表現力に圧倒され、発言する際はいつも、思わず涙が出ていました。しかし、逃げないで努力しようとする姿は大人も見習わなくてはいけないと思いました。

あえて厳しい環境に身を置く。できないと思うことも、やり続けることで自分のものにしていく。成長に終わりはありません。

「無理」、「できん」、「わからん」という言葉を使う人がとても多い気がします。できないと決めつけているのです。

無理だと思えることもやってみる。やれと言われたことはできない理由を見つける前に、まずはやってみるという姿勢が大切です。

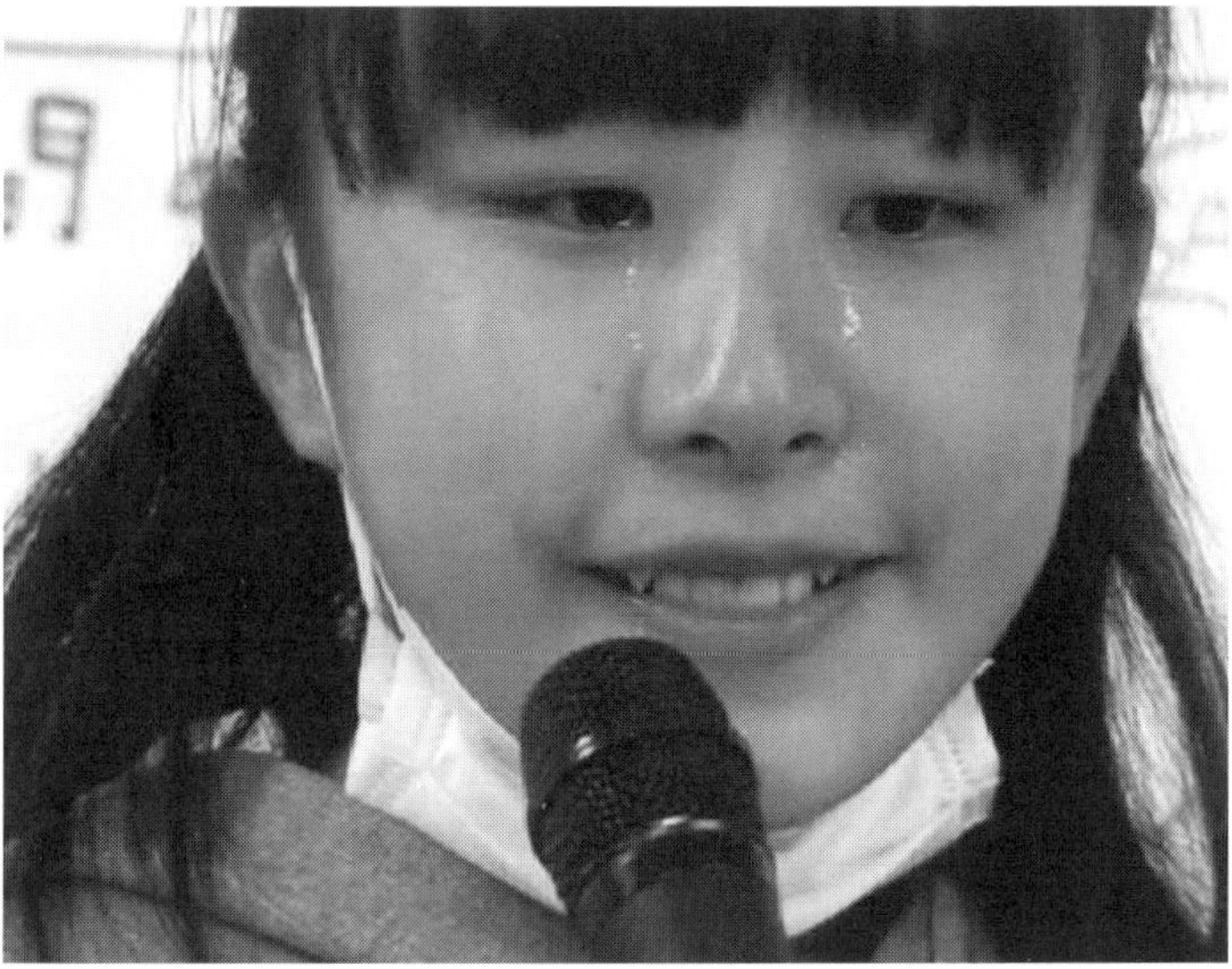

過剰な無理は禁物ですが、今までの自分がもっていた固定観念や「安全地帯」に留まっていると成長のチャンスを逸してしまいます。

初めてのチャレンジで感じる辛さや違和感、苦手意識を越えていくために、徐々にハードルを上げる「ストレッチ目標」の設定が大切です。ジャンプしても届かない目標は高すぎるので、背伸びをすれば届く適切なさじ加減が不可欠。

そして「木を見て、森を見る」個別の配慮の行き届いた全体進行こそ指導者の力量が問われるところです。

価値語⑨

教室は家族です

一日の大半を過ごす仲間とは、家族のようなあたたかい関係を築いていきましょう。

家族のような、安心できる教室の中でこそ、子どもたちは自分らしく生活することができます。

写真は、ある日の給食の時間の様子です。給食週間の特別企画で給食調理員の先生がゲストで来てくださいました。特別にうれしい日の給食の時間は、このように子どもたちが自分から机を輪にしていました。お互いの顔を見ながら、また来てくださった先生を中心に、質問をしながらの会食はとても楽しいものになりました。あたたかい雰囲気づくりをしようというおもてなしの心や、少しでも来てくださった方に近づこうとする心遣いがうれしいなと思いました。

人を迎え入れることをうれしいと感じ、人と関わることが楽しいと思えることは、人との関わりが希薄になっている現代において、とても大切なことであると思うのです。「うれしい！」という感情を共有できる、教室はそのような場であってほしいと思います。

英語で Please feel at home. と言えば「どうぞ、安心してくつろいでください」という意味。洋の東西を問わず、家庭は「帰るところ」「落ち着けるところ」「自分らしくいられるところ」なのでしょう。

家庭が「住宅」とは異なるように、教室もまた、ただの「部屋」ではありません。

そこに、あたたかい人間関係が築かれていることが、一人ひとりが自分らしくいられるための必要条件なのです。

大人になると、同窓会で旧友と再会するのがとても楽しみになります。社会的な立場を離れて、みんなが子どもだったときの表情に戻れるから。菊池学級で培われた友情は一生の財産になっていくことでしょう。

価値語⑩

金太郎のあめ力

いつでもどこでも同じ力を発揮しましょう。

どこを切っても同じ絵柄の出てくる金太郎あめ。それと、いつでもどこでも同じ力を発揮することとを結びつけてこの価値語は誕生しました。

人が見ている前だけで発揮できる力は、本当の力ではありません。行動の価値基準が自分ではなく、他人にあるからです。

写真は、掃除時間に、たまたま通りかかり目にした光景です。この子どもは、便器を手で持ち、一つの汚れも見落とさないような気迫でひたすら磨いていました。一生懸命なその姿は、心を磨いている姿そのものでした。トイレ掃除の価値だけでなく、「いつでもどこでも変わらず同じ力を発揮していく」という価値も伝えていきたいものです。

このような姿を丁寧に価値付けしていくと、かげひなたなく、誠実に、信念を持って行動する人が育っていきます。

この価値を共有したことによって、放課後児童クラブや子ども会などでも、誠実に物事に取り組む人が増えていきました。

一般に「金太郎あめのような」と言えば、「誰と会っても同じような言動・行動を繰り返すような、一人ひとりの個性が打ち消された組織」という否定的な文脈で用いられます。

ここで強調されているのは「行動の一貫性」。TPOに合わせて臨機応変に状況に対応できる力も大切ですが、一方で「どんな場面にあっても、誠実に自分の行動を貫く姿勢」はとても尊いこと。

特に、他者の目がないときに、手を抜かないで、仕事に打ち込む姿勢は、「人間修行」にほかなりません。トイレを掃除することで、自らの魂を磨きあげているのです。

価値語⑪

空気に負けるな

周りの空気に流されずに、信念を貫いて行動をしましょう。

ついつい人は、周りの空気に流されがちです。易きに流されず、大切なことを見失わない強い心を育む価値語です。

写真は、全校でさつまいもを収穫した後の、畑を丁寧にならしている姿です。

周りの人たちは、さつまいもを収穫した喜びからリラックスした表情で話をしています。そんな気持ちも大切なのですが、そればかりでは、易きに流される感も受けます。

彼は、畑を貸してくださった地域の方にお礼の気持ちを伝えたかったのでしょう。一人で黙々と鍬を使い丁寧に整地していました。

周りの空気に流されず信念を持って行動する姿からは、力強さを感じます。周りの空気に流されず信念を持って行動できる人は、周りからの信頼も厚くなります。

揚げた凧がいちばんよく揚がるのは、向かい風のときです。決して風に流されているときではないのです。

人生の場面場面で空気に流されず、ときには向かい風に立ち向かってほしいと思います。

数年前「KY＝空気を読めない」という言葉がはやりました。場の雰囲気を敏感に察する力は重要ですが、周りの人の意見や行動に流される「付和雷同」は、自分の人生を生きることからの逃避です。

「自ら反みて縮くんば、千万人と雖も、吾往かん」とは、孟子の言葉。「わが身を反省して正しいと確信できれば、相手が千人万人いようが、ひるむことなく、わが道を行く」という意味です。

これは単なる「頑固さ」ではありません。きちんと自分を見つめ直す自己省察の力、そして、あえて他の人と違う行動を貫く勇気が必要です。一日一日が、これら二つの力を鍛えるチャンスになります。

価値語⑫

苦労は未来への貯金

こつこつと努力を重ねることは、未来への貯金となります。

「努力だ。勉強だ。それが天才だ。だれよりも、三倍、四倍、五倍、勉強する者、それが天才だ」は、野口英世博士の言葉です。努力の大切さを説く言葉です。

学級の中には、日々の宿題をたいへん丁寧に工夫して取り組む子がいます。

例えば、漢字の宿題であれば、決められた二行練習だけではなく、「意味」「覚え方」「注意点」などや、余白に漢字を書き加えるのです。このお子さんは、これらの努力を通して、語彙を飛躍的に伸ばしています。これを来る日も来る日も努力できること自体が、たいへん素晴らしいことです。地道な努力は、後で必ず大きな力となり返ってきます。

メジャーリーグで活躍しているダルビッシュ選手も「土、日の休みが消え、夏休みが消え、冬休みが消え、友達が遊んでいるときに練習していた。だからこそ今がある」とおっしゃっています。

「苦労は未来への貯金」。心に入れて努力を惜しまないようにしたいものです。

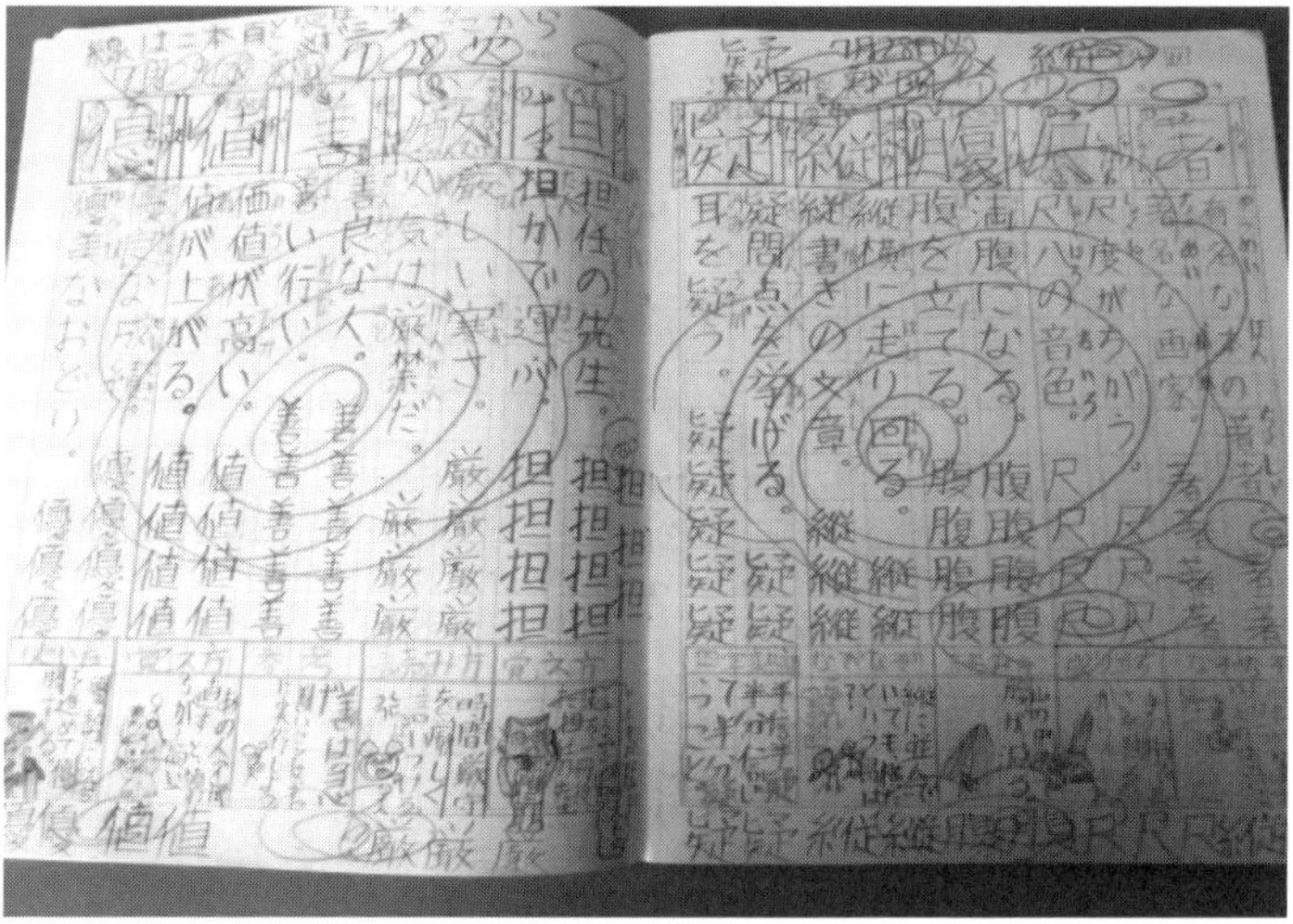

「若い頃の苦労は買ってでもせよ」という諺がありますが、必ずすぐに結果につながるとは限りません。しかし、努力した人の中には、目に見えないかも知れませんが、確かな成長や自負心が育っていきます。

学校の授業でも、クラブの練習でも、そうですが「早く終わってほしい」と思い、「苦役」ととらえると、その時間は長く感じられるものです。

他方「この経験から自分は何が学べるだろうか」という視点に立つと、無駄な経験はありません。ちょっとしたところに、大きな学びが隠れていることもあります。万事、心を込めて取り組みたいものです。

価値語⑬

心の弦を緩ませる

言葉に出して謝ることで、頑なな自分を捨て、心を柔らかに保ちましょう。

子どもたちがけんかをしたり、もめたりしているときは、必ずその子なりの原因があるものです。片方だけが悪いということは少ないように思います。

「あなたがそんなことをするなんて、何か理由があるはずだよね」

と、言葉をかけるとたいていの子どもは自分の悔しかった思いを話し始めます。しかし、落ち着いて振り返っていくうちに、

「こうすれば良かったんだ」

「この言葉は言ってはいけなかった」

という自分の悪かった点に気付きます。

「さあ、どちらから謝ろうか。先に謝れる人は力がある人だよ」

心が落ち着くと、たいていの子どもたちは、しっかりと自分の言葉で謝ることができます。相手に負けまいと必死で頑張っていた心が一気にほぐれる瞬間です。頑なに自分を守るよりは、どんなに潔く人の目に映るでしょうか。謝るには力が必要です。素直に謝ることができる人になりたいものです。

かつて髪型をリーゼントに決めて、不良ぶる男子高校生は「ツッパリ」と呼ばれました。彼らは、等身大の自分よりも、大きく強く見せたいという願望から、不必要に肩肘を張り、意気がっていました。こうなると、心の弦は緊張しっぱなし。

弱みを見せるようで、素直に本音は語れません。親御さんに心配をかけていたとしても、「ごめんなさい」なんて、口が裂けても言えなかったはずです。

しかし「本音を伝える」「自分から謝罪する」というのは、勇気ある行動です。鎧を脱ぎ捨てて、素の自分で他者と接することで、初めて「心と心の通いあうコミュニケーション」が実現します。

価値語⑭

心の羅針盤

写真は、全校朝会前の、ある児童の「公の場」に臨む心構えを表したものです。

朝休憩に外遊びをし、それから放送委員の仕事を終えて体育館にやってきました。「全校朝会は『公の場』であり、『公の場にふさわしい態度』で臨みたい」との意識があったのでしょう。体育館に入ると、上着を丁寧にたたみ、その上に帽子を静かに置き隅に寄せました。彼の心には、明確な道徳的価値基準や行動基準があるのです。

心に羅針盤があれば、今の集団を離れた後でもリバウンドしない、そして行動にブレがない芯の太い人に育っていくと思います。

心に自分なりの道徳的価値基準や行動基準をもちましょう。

羅針盤とは、船や飛行機などが針路を測る道具のことです。「心の羅針盤」とは、心の中にある道徳的価値基準や行動基準です。

電車などの「公の場」で、化粧をしたり、大きな声で電話をしたりする人も珍しくなくなりました。「公の場」での過ごし方の道徳的価値基準や行動基準がどんどん低下していることを感じます。

「人に言われて仕方なくやる」時、責任は自分にはありません。その方が、気楽だと感じるかも知れませんが、厳しい言い方をすれば、「人生に対する責任を放棄している」状態を選択していることになります。

羅針盤（＝自分の行動基準）を心の中にもつということは、たとえ「命じられたこと」だったとしても、それが、自分の価値に合っているときには、「自分で選んでいる」ということを自覚して行動するということです。

逆に、熟慮した上で、心の羅針盤の指し示す方向性と異なる場合には、流されることなく、わが道を行く覚悟も求められます。

価値語⑮

子どもとしての責任

子どもとして、やるべきことに向かい、責任ある日々を送りましょう。

子どもたちと生活する中で、これはどうしても理解して欲しいということがあります。

例えば、遅刻をしない。挨拶をきちんとする。先生の話をしっかりと聴く。クラスの友達と仲良く過ごす。そのような学生として、基本的なことは、その子どものためにも絶対に自分の力でできるようになってもらいたいと思います。

そんなときには、次のような言葉をかけています。

「お父さん、お母さんはどんなふうに心配していらっしゃるでしょうか。きちんとできるようになって、安心してもらいましょう」

現代は子どもが、自分本位な行動を取る姿が多く見られます。親も子どもに合わせ、子ども中心になりがちです。子どもとして生まれたからには、親に心配をかけないように頑張る。そのような価値観を大切にしたいと思います。生きていくことは、決して簡単ではありませんが、親に安心してもらえるような、そんな生き方をしたいものです。

学級・学校の中にはルールがあります。

社会の中で求められるルールを守るのは、親や先生のためではありません。それは第一義的に自分のためであり、仲間が毎日を気持ちよく過ごせるようにするために、様々な規範が設けられているのです。

自分で守ろうと決めたことは自分との約束。これをきちんと果たしたときに、自己信頼が高まります。そうすると、さらに上を目指して、もっと高い目標を設定することができるのです。

子どもが成長する姿を見るときに、親は安心し、喜びを感じます。子は親に感謝し、親もまた喜びを与えてくれる子どもに感謝する、そんな関係が大切です。

価値語⑯

素直なAのバケツになろう

素直さは何にも勝る、成長の秘訣です。何事も素直に受け止め、行動してみましょう。

A、B、Cの3種類のバケツがあります。写真のように、Aのバケツにはしっかりと水が溜まっていきます。素直なバケツです。Bのバケツは穴が開いていますから、いくら水を注いでも出ていってしまいます。Cのバケツはどうでしょう。逆さまに置いてありますから、水は全く残りません。

素直に物事を受け止められる子どもは、様々なことができるようになることが多いと感じています。教師や親は、良いことも厳しいことも、すべてその子どもの成長を考えて言っているのですから、当たり前と言えば当たり前なのかもしれません。言っても響かない人よりも、素直に受け止める人には、次もまた声をかけようと誰しもが思うはずです。素直な人は伸びていく人です。

ただし、素直さには個人差があります。自分はこの3種類の、どのバケツでしょうか。素直に物事を受け止め、実行することで、中身のある人間になりたいものです。

様々な体験、いろいろな人の言葉を、食わず嫌いで否定するのではなく、いったん「受けとめる」ことが成長のチャンス。

注意したいのは、「受けとめる」と「受け容れる」のは違うということです。まずは、新しい水をバケツに入れてみて、その透明感や色、匂い、場合によっては味などを確認してみましょう。そして、これは飲めるとなれば、大切に飲む。しかし、これは、危ない、とわかったら、捨てれば良いのです。

受けとめる力を「人間の器量」と呼びます。器量の大きな人間になりたいものです。

価値語⑰ 積極百歩

いいと思ったことは、どんどん積極的に行動しましょう。

写真は、運動会直前に足をけがした児童が、見学にも関わらず、座ったまま練習に参加しているときのものです。

彼は自分なりに今できることを考え、旗を持って運動場に出ました。そして、自分のクラスの動きに合わせて旗を動かしていました。見学でも学習するのだ、けがが治ったら本番でも踊るのだという強い意思を感じます。

積極的に力強く、まるで百歩も歩みを進めているかのようでした。そこからできた価値語です。

このように自分の意思で積極的に行動している子どもの姿を丁寧に伝えることで、クラスにプラスの空気が流れていきます。

多くの子どもたちが、様々な場面でさらに積極的な行動を取るようになりました。

社会生活においても、トップダウンよりは、ボトムアップの行動の方に、力強さを感じます。一人ひとりが、自分自身の意思で積極的に行動したそのときを逃さず、認め合っていきたいものです。

大きな組織や社会の中で、無力感を覚えるのはよくあること。「自分には何ができるだろうか」「頑張っても無駄ではないのか」などと自問した体験のある方も多いはず。しかし、人は微力ではあったとしても、無力ではないのです。必ず「できること」、「誰かのために、何かのために貢献できる可能性」をもっているのです。

一歩を踏み出すことの重要性は、歩幅には関係ありません。まずは一歩踏み出すこと。そうすれば二歩目、三歩目を続けるのは、一歩目よりもだいぶ楽になります。

ただし、方向は大切です。「心の羅針盤」に従って、第一歩を踏み出しましょう!

価値語⑱

正しい叱られ方

叱った人への感謝の気持ちをもつようになるまで、自分の気持ちを高めよう。

菊池省三先生は、「正しい叱られ方」を五つのステップで示されています。「①受容 ②反省 ③謝罪 ④改善 ⑤感謝」です。叱られることを受容し、素直に反省し、謝罪します。そして最後には、自分の成長のために叱ってもらったことへの感謝ができるまで意識を高めていきます。

写真は、ある女の子が、叱られた後に書いてきた手紙です。彼女は、クラスの中で、自分の意見と違うことに対しての不満を全面に出し過ぎてしまい、周りの人が嫌な思いをしてしまいました。思いは受け止めつつ、「公の場」であることを心に留めてほしいと話しました。あいさつもろくにせずにぷいと家に帰ってしまった彼女のことを、私は放課後も家でも気にしていました。しかし彼女は、私の言葉を心で受け止めたのでしょう。翌日一通の手紙を渡してくれました。思わず涙が出ました。

社会生活の中でも、信頼関係がベースにあれば、真意は通じると思っています。

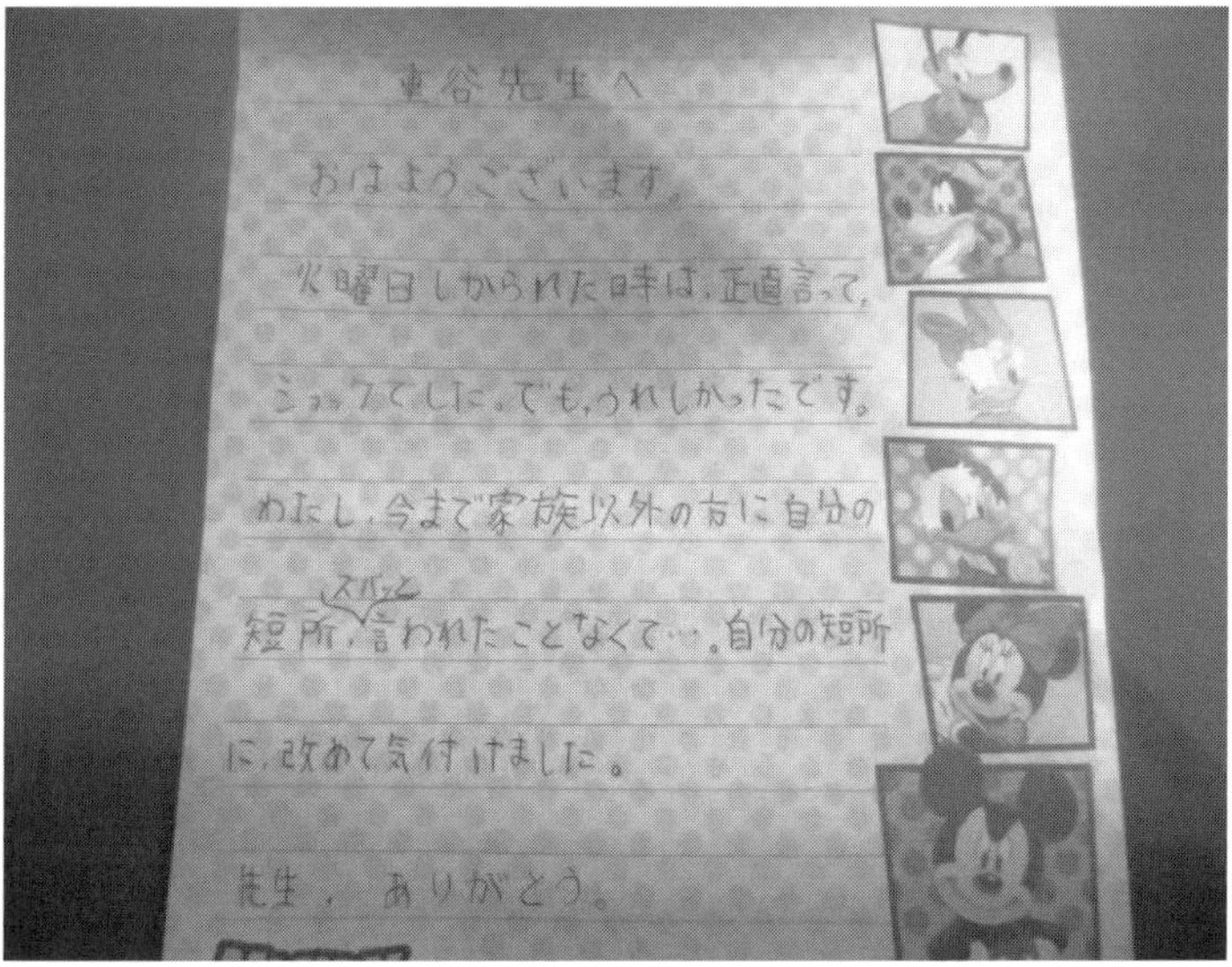
東谷先生へ

おはようございます。

火曜日しかられた時は、正直言って、

ショックでした。でも、うれしかったです。

わたし、今まで家族以外の方に自分の

短所、ズバッと言われたことなくて…。自分の短所

に、改めて気付けました。

先生、ありがとう。

「怒る」と「叱る」は違います。怒るのは、相手を否定する感情的な反応。叱るのは「しかるべきビジョンを示す、あるいは引き出す」理性的な対応です。指導者には、自らの感情をコントロールして、状況に対応する沈着冷静さが求められます。

柔道で投げ技以上に「受け身のとり方」が大切であるように、子どもたちにとっては、「叱られ方」の上手い下手が、その後の人生に影響します。「自分の成長」のチャンスと受けとめられるのは素晴らしいですね。

これは日頃から醸成された信頼関係の賜物。「先生が厳しいことをおっしゃるのは、私の成長のためなんだ」と感じてもらえるような日常の関係づくりが大切です。

価値語⑲ 食べることは生きること

食事の時間を大切にしましょう。食べることは、生きていくことの基本です。

子どもたちがよく食べる学級は、安定感があるように思います。勢いがあり、物事に前向きな子どもはたいてい、もりもりとよく食べる子どもです。

写真は、給食の時間を楽しみに朝の休憩に献立を覗いている子どもの姿です。子どもらしい素直な姿だなと思い、全体に紹介しました。食に興味がある、食べたい、ということは自然なことです。ところが、給食の時間が苦痛で、食べることができないという子どもが近年増えていることが気になります。

食べることに関心をもってもらいたい。そんな思いから写真や価値語の掲示をしています。また、折に触れ、偏らない食事をする大切さを話しています。ご飯は脳に栄養を送ること、食べ物がもとになり骨や筋肉が作られ、18歳ではじめて身体が完成することなど、子どもたちは興味をもって聞いています。

食べる力がついてくると、子どもの表情が変わってきます。大切にしたい力です。

You are what you eat. という英語表現があります。「私たちは食べた物でできている」。つまり、食生活が健康の礎なのです。

飽食の時代と言われ、大量の食物が廃棄される一方で、日本全体で見れば6人に1人の子どもが貧困状態にある、というのが現実。学校給食だけが、栄養バランスのとれた「まともな食事」というケースも少なくないようです。

その意味で、給食時間は、身体の健康に必要な栄養を摂取する時間であると同時に、一生続く「食べ物とのつきあい方」「食事のマナー」「感謝の気持ち」など、心の栄養を獲得する貴重な機会なのです。

価値語⑳ ニコニコ笑顔力

いつも笑顔を心がけましょう。笑顔はどんな言葉にも勝る、最高のコミュニケーションツールです。

いつも表情が暗く、どちらかというと気になるタイプの子どもがある日の「ほめ言葉のシャワー」で、

「○○さんは、ニコニコ笑顔力がある人だと思います」

とほめられました。言った子どもは、一瞬の表情をよく見ていて価値付けしたのです。言われた子どもはとても嬉しそうにしていました。このときから、この子どもは、少しずつ表情が明るくなり、ニコニコ笑顔力＝○○さんというくらい、その価値語がクラスに浸透しました。表情の変化は内面の変化にもつながり、明るく、周囲ともすすんで関わろうとする子どもへと変わってきました。クラス全体の温かい言葉かけにより、この子は安心感を得たのだと思います。

子どものよい表情は全体の場で価値付けします。笑顔いっぱいのクラス写真、価値語など、掲示物を使って、笑顔を意識していくと、クラス全体に明るい笑顔が広がります。

笑顔は、コミュニケーションの潤滑油。当事者どうしの人間関係をスムーズにするだけでなく、周囲もまた明るくします。

仏教では「和顔施（わがんせ）」という言葉があります。「お金がないから寄付ができない、身体が弱いから労働奉仕もできない、という人でも、笑顔が素晴らしい社会貢献になる」という意味。

このエピソードの素晴らしさは、友達が「○○さん」の笑顔の一瞬をとらえ、見逃さずにほめたところです。欠点を指摘されると、むしろその欠点が目立つようになります。逆に、輝いたのは一瞬だったとしても、それを伸ばしていく応援パワーが人を育てます。

価値語㉑

人のマイナスを言うより2倍プラスする

人を責めるより、自分がその2倍のよい行動を取りましょう。

写真は、大雨が降り込み、びしょぬれになった廊下を子どもたちが、一心に拭いているものです。床がぬれていることに気が付いた人が、ぞうきんを取りに行き、その姿を見た人がまた一人また一人と増えていきました。廊下の窓が開いていたことを責める人は、誰もいませんでした。

その姿からはまっすぐな心を感じました。

このような場面で人を責めても事態が解決する訳ではありません。それよりも、好転する方向へ力を合わせることの尊さを、この写真は物語っています。

明治の哲学者・清沢満之の「他をとがめんとする心をとがめよ」の教えとも通じます。社会生活の中でも、このようなアクシデントは少なからずあります。失敗を責めるより、一緒にその失敗に寄り添える人でいたいと思います。

一人ひとりにそのような豊かな心があれば、この世の中は幸せで満たされるのではないでしょうか。

現状が望ましくない状態にあるとき、「犯人探し」にエネルギーを注ぐよりも、どのようにすれば現状を少しでも改善できるのか、みんなで考え、行動に移すことが大切です。「災い転じて福となす」という諺があるように、マイナスはプラスにできるのです。ゴルゴ松本さんが、少年院で行った漢字の授業でなさった話を紹介します。

「口偏（くちへん）にプラスマイナス」と書いて「吐」という字になります。人間誰しも、弱音を吐いたりすることもあれば、毒を吐きたくなることもあるでしょう。

しかし、このマイナスを短くしていくと「叶」になります。プラスに注目していくことが、夢や希望を叶える鍵なのです。

価値語㉒

120％の20％を大切に

当たり前のことにとらわれず、プラスアルファの力を発揮しましょう。

ガリレオは19歳のときに、ピサの寺院で見上げたシャンデリアの動きから「振り子の法則」を考え出しました。彼が見上げずにいたら、この法則は発見されなかったでしょう。

写真は、社会科見学で自動車工場に行ったときのものです。フロアでの自由時間が始まりました。普通なら、運転体験が始まる場面です。しかし子どもたちの様子は違いました。後部のエンブレムの詳細を観察する人、そして写真のように、下から覗きこみ、底部を観察する人など、多様な視点での観察が始まりました。車に試乗して乗り心地や使われている部品の数を確かめることも、大切な学習です。しかし、プラスアルファの視点をもっているかいないかで、後に大きな力の差が出てくるのではないでしょうか。

他人と同じ100％の力ではなく、このわずかな20％の力を大切にしたいと思います。

このような力を付けておくと、物事を多角的にとらえられる、多様な視点をもった人に育っていくのです。大切な20％の力です。

「紙一重」という言葉があります。ほんのちょっとした違いだけれど、そのわずかな差が、結果として大きな違いを生むという文脈でよく用いられます。

大きな成功をつかんでいる人は、「フツーの努力」「当たり前の頑張り」にとどまらず、傍から見ていて「そこまでやるか」と思わせるような、取り組みを行っているもの。しかし、多くの人は100点満点で満足してしまいます。これは、もったいない！

多くの学校の教室では、教師も子どもたちも「100点満点」を目指しています。しかし、100点を超える世界があることを知ってほしい。そして、その領域に今できる一歩を踏み出してほしいと願っています。

価値語㉓

不格好の美しさ

努力を惜しまず、見た目や体裁などを気にすることなく、目的に向かって進んでいきましょう。

「格好悪いからやらない」、「あんなの格好悪い」というような言葉を子どもたちから聞くことがあります。見た目を気にして初めからやらない。また、一生懸命な人を見て、格好悪いと言っているのです。

写真は社会見学に行き、メモを取っている子どもたちです。しゃがみこむのでなく、床に伏せるようにして、記録しています。制服が汚れるかもしれない。他の人が見ているから。このようなことは考えなかったのでしょう。言われたことを一言も書きもらすまいという、必死な様子が伝わってきます。

現代では、一生懸命に頑張る必要はない。程々が良いのだという考えも増えてきていますが、一生懸命にものごとに取り組む姿ほど美しいものはありません。

人からどう見られようと、やってみる強さをもちたいと思います。また、外見に惑わされず、物事の真の価値を見抜ける人でありたいとも思います。

目的を達成するためには、「形振り構わず」集中して取り組むことが必要な場合もあります。

高校球児が泥にまみれて、ヘッドスライディングをする姿、敗戦後、顔をくしゃくしゃにして泣きじゃくる姿に、青春の輝きを感じる人も多いはず。

「ユニフォームが汚れる」とか「他の人からどう見られるか」などということに気をとられずに、目の前の一球一球に無我夢中に打ち込む姿は、神々しく美しいものです。

格好をつけて、高見の見物をしている人には決して手に入れることのできない、宝物のような体験、精一杯の努力のきらめきがそこにあるからです。

価値語㉔

ホームの安心感

自分の居場所をしっかりともち、それをベースに自分の世界を広げましょう。

クラスにあたたかさや安心感があるとうれしいなと思いながら、子どもたちと過ごしています。お互いに認め合う雰囲気や、教師との関係が深まってくると、子どもたちは自分のよさをどんどん発揮し始めます。

写真は、6年生の教室の掲示板です。4年生が、6年生に届けた手紙を、担任の先生が掲示してくださったものです。

掃除時間に見かけた6年生の姿がとても立派で自分も見習いたいと、手紙に書いて渡した子どもがいました。ある子どもは、野外活動から帰ってきた6年生に、お帰りなさいと手紙を持って行っていました。どの子も、どちらかと言えば控えめなタイプの子どもだと思っていたので、このような行動に驚きました。同時に、ホームである教室で、安心して過ごせているからこそ、こうやって他の学年にまで出向いていけるのだろうなと感じました。人と関わることを素直に楽しんでいる子どもたちの姿を、うれしいなと思いながら見守っています。

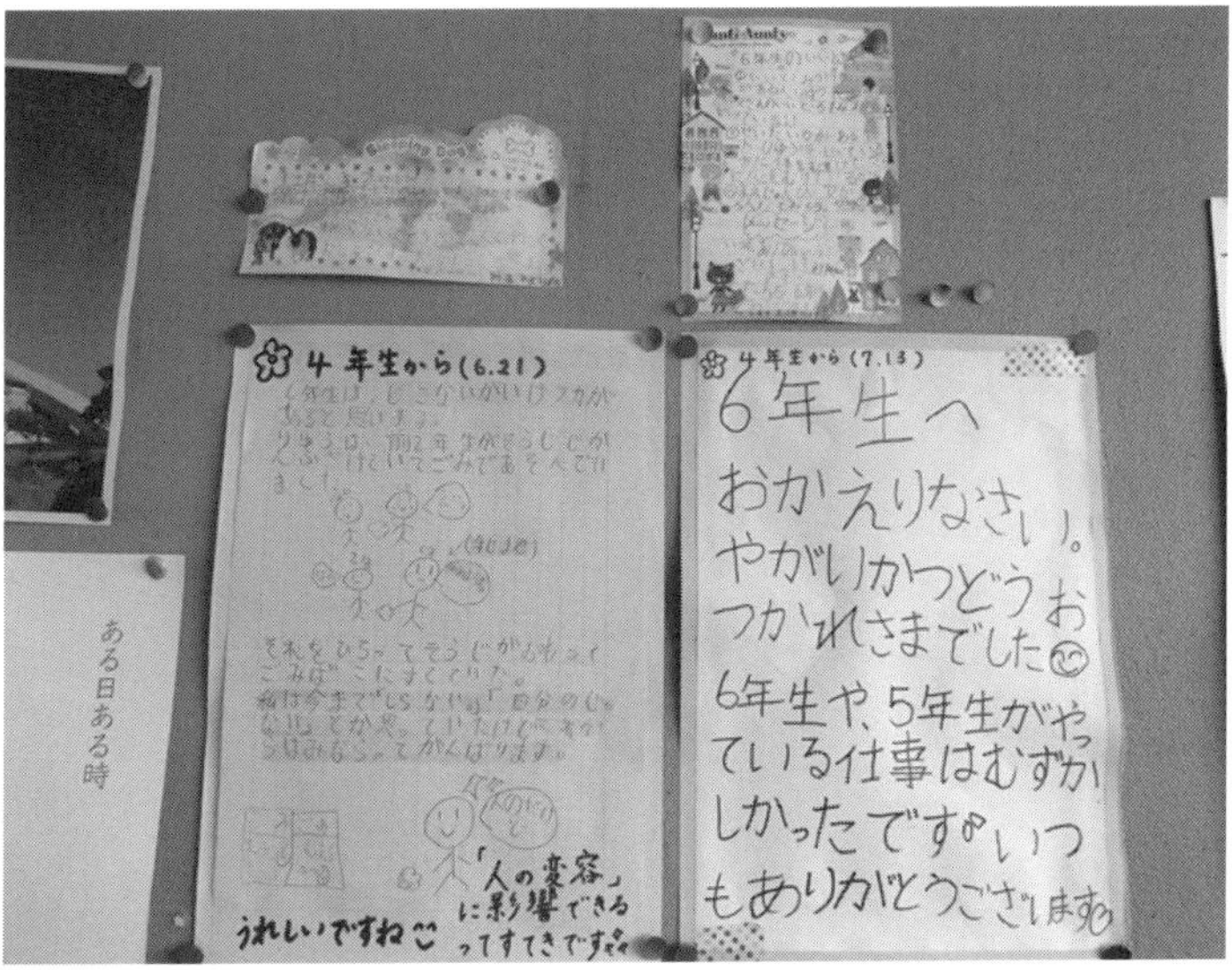

「自分はここにいて良いのだろうか？」

不安な気持ちを抱えていると、心身に不必要な緊張が発生し、持てる実力を十分に発揮することができません。

「ここは自分にとって安心な居場所だ」と実感できれば、心も身体もリラックスして、勉強でもスポーツでも、トップパフォーマンスを出すことができます。

そうした安心感を醸し出すのは、誰かのちょっとした一言、やさしくうなずく仕草、さりげない板書のメッセージかも知れません。

大がかりなしかけなどなくとも、「この教室を心地良い場所にしよう」と、みんなが思い、少しずつ細かい配慮を積み重ねていけば、最高の「ホーム」が生まれます。

価値語㉕

凛とした態度

ものごとに向かう姿勢は自然と態度に表れます。凛とした姿勢を意識してみましょう。

人の内面は、黙っていても身体言語として外に出ているものです。とくに背筋にはその人の生き方が表れます。

写真の子どもは、いつ、どんな時でも、たいへん美しい姿勢でいます。後姿に品格がにじみ出ているように感じます。控えめではあるけれど、いつもやるべきことを丁寧にやっている、凛とした外見は、この子どもの内面とぴったりとマッチしているのです。この写真を掲示することで、まずは型を整えようとする子どもが出てきました。真似して姿勢を正そうと努力し続ける子どもは、素直さをもっているからでしょうか、他の面でもどんどんよさを発揮していきます。

内面が外見を磨く。外見を整えることで内面が磨かれる。どちらにしても、凛とした態度は、語らずして人に伝えられるものがあります。

「背中で人生を語る」そんな人に人は憧れるのではないでしょうか。

「背筋を伸ばす」という表現は、身体姿勢のことだけでなく、心の姿勢にもあてはまります。ある人が、机に肘をつき、猫背で、首を傾けていたら、本人がどう言おうと、真剣に取り組んでいるようには見えませんね。「だらけた態度」とリラックスは全く違うものなのです。

「凜」という漢字の原義は「冷たい氷に触れて心身が引き締まった状態」を指し、二つ重ねれば「凜々しい」という形容詞になります。背筋を伸ばすだけで、感覚が研ぎすまされて、鋭敏になり、外界からの刺激や情報を的確にキャッチできる状態、そして、頭の回転も良い状態を作り出せるのです。

価値語
II

不易と流行

不易と流行とは、いつの時代にも共通する変わらない大切なことの中に、新しい考えを取り入れていこうとする考え方のことです。

世の中には、これだけは失いたくないという価値観があります。それは例えば、「親切」や「思いやり」といったものです。困った人がいたら、助け合うのが古くからの日本の素晴らしい価値観です。

そんな中でも、変わっていくべき価値観もあります。社会は、驚くべきスピードで変化しています。それに合わせて新しい価値観も生まれています。

かつては、「他人との競争に勝つこと」や「出世すること」といった価値観が重視されていましたが、現代の社会人においては、「自分の人生を充実させること」に重きを置いている人も少なくありません。

古くからある大切な価値観を大事にしながら、時代に合わせた新しい価値観を柔軟に受け入れることのできる人になりたいものです。

価値語㉖ 当たり前のことが当たり前にできる人に

当たり前のことが当たり前にできる人が、いちばん立派なのです。

当たり前にやるべきことも慣れてくると、このくらいで良いかと手を抜いたり、さぼってしまったりとついつい楽な方に流れてしまうのが人間です。

子どもたちが毎日、当たり前にやらなくてはならないことのひとつに宿題があります。宿題は担任と子どもたちの約束事ですから、丁寧に取り組んで欲しいと常々考えているのです。しかし、子どもたちやクラスの状況で宿題が当たり前にできないことがあります。

そこで、成長ノートで一人ひとりに「当たり前のことが当たり前にできる人に」というテーマで、自分を見つめる時間をもちました。

「初めて朝のうちに宿題を出すことが一人残らずできました。基本のことができたからみんなで成長に向かえると思います」

このように書いている子どもがいました。当たり前のことが初めてできたことが、次の成長に向かえるだろうという希望へとつながっています。疎かにしてはいけない「当たり前」を大切に、丁寧に生きていきましょう。

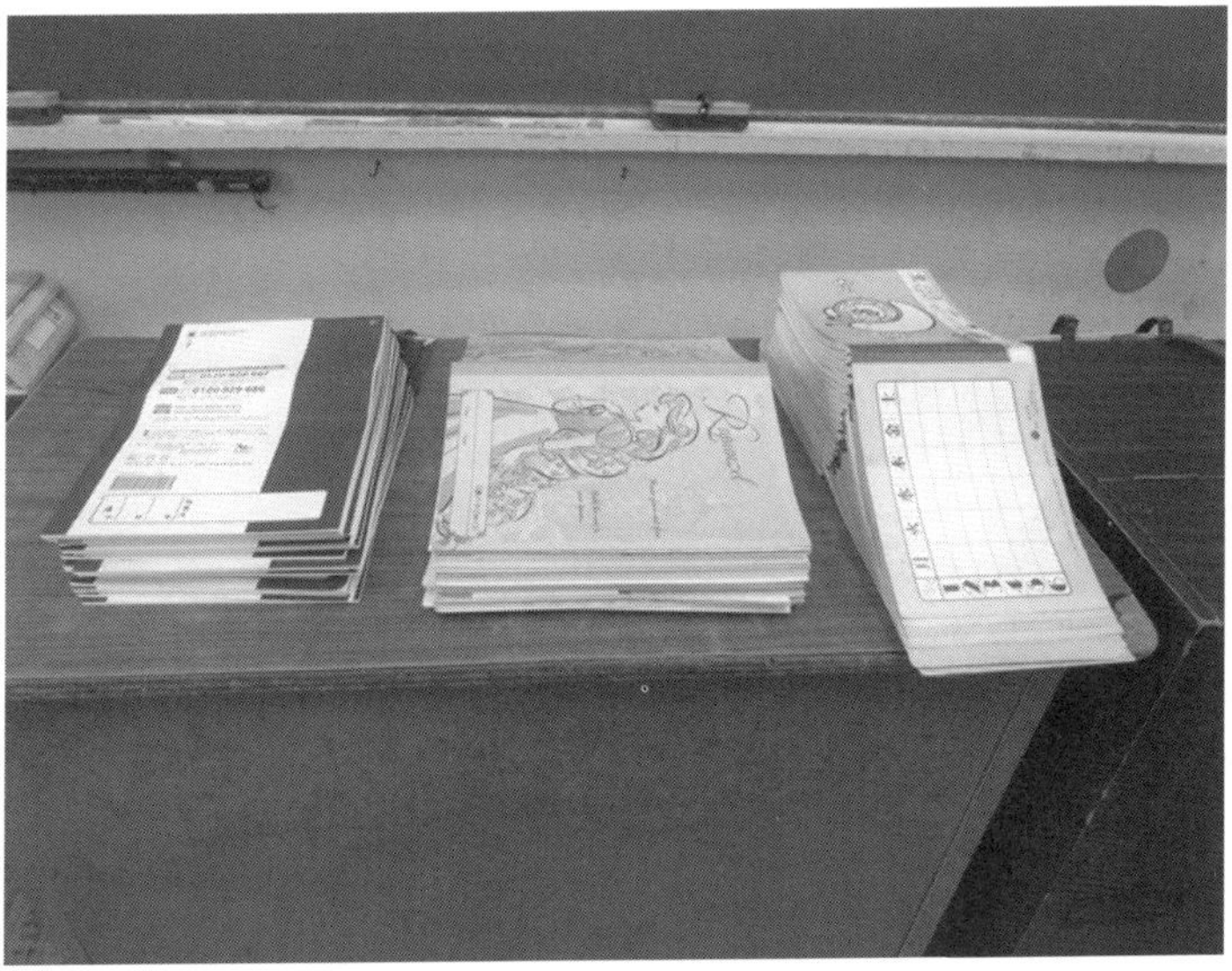

素晴らしい業績を上げて、業界トップに立った経営者の方が、「成功の理由」を尋ねられた時の答えが、「凡事徹底」でした。

その意味は「世の中に雑用というものは存在しない。どんな仕事も雑にこなせば雑用になり、心を込めて徹底的に行えば、立派な仕事になる」ということ。

奇をてらって、何か特別なことをしようと思うよりも、基本に忠実に、その代わり、「そこまでやるか」と思うほど、徹底的に取り組めば、その成果は特別なものになるのです。

宿題も、掃除も、朝礼も、準備運動も、「ああ、またか」と思うのか、新鮮な気持ちで「成長のチャンス」と思うのかで大きな違いが生まれます。

価値語27

ありがとうの輪

ありがとう。言う人も言われる人もどちらも相手を思う心が大切です。

「ありがとう」と言ってもらうとうれしいものです。その言葉ひとつで、人と人はつながることができるような気がします。

高学年が野外活動で数日間、学校を留守にしました。その際、4年生が委員会活動を一手に引き受けたのです。初めは代わりにやってあげる、そのような気持ちがあった4年生でしたが、休憩時間や給食時間を削っての委員会活動が簡単ではないことに気付きました。

子どもたちの間からは、

「いつもこんなに大変なことをしてくれている高学年はすごい」

「ありがとうと言いたい」

このような声が聞こえてきました。

野外活動から帰って来た高学年に、さっそく感謝のお手紙を届けた人もいました。

人を思って働ける心、人の働きに気付き、感謝することができる心、どちらも磨いていきたいものです。

「ありがとう」の輪を広げていきましょう。

「ありがとう」の語源は「有り難い＝めったにない」ということ。反対語は「当たり前」です。

「上級生なのだから、このくらいのことはしてくれて当然だ」などと思ったら、感謝の気持ちが消えてしまいます。周囲の人の行動や配慮に、感謝の気持ちをもって接することが大切です。

実際に、誰かに対して「ありがとう」という言葉を口に出してみてください。そのとき、ちょっと照れるかもしれませんが、うれしい気持ちがこみ上げて来るはずです。そして、言われた方もうれしい。「ありがとう」の連鎖が、教室を、学校を、社会を明るくしていきます。

価値語㉘ 一度きりの瞬間

一度きりの瞬間を最大限生かしましょう。

日常生活は、一度きりの瞬間での判断の連続で、動いていると言っても過言ではないでしょう。

この写真は、四月の就任式のときのものです。代表の言葉を言う児童は、立候補して決まりました。彼にとってまさに「一度きりの瞬間」です。この代表児童は、あいさつの中で全児童起立しての「よろしくお願いします」というアイディアを入れていました。

ところが直前の校長先生のごあいさつの中で、彼の考えていたことと同じ、全児童起立してのあいさつが入りました。ここで彼の「即興性」が試されました。彼は素晴らしい対応をしたのです。自分のあいさつの中で『もう一度』立って、全員であいさつをしましょう」という言葉を加えました。まさに「一度きりの瞬間」を生かした言葉でした。

社会生活でも、「即興性」を試される場面はたくさんあります。「一度きりの瞬間」を最大限生かして成長のチャンスにしてほしいものです。

大宇宙の歴史の中で、ある出来事は一度しか起こりません。似たようなことは繰り返されるかも知れませんが、一瞬一瞬は、たった一度限り。「一回性」のものなのです。

茶道ではこれを「一期一会（いちごいちえ）」と呼びます。お茶会に招かれた時、その茶室、その茶碗、掛け軸、茶花、などとの出会いは、一生に一度のものだと認識して、大切に味わい尽くす、という心得を表す言葉です。

行事の前に、入念にリハーサルをするのは、とても良い心がけですが、本番にはどんなハプニングが起こるかわかりません。想定外の事態になったとき、パニックに陥ることなく、当意即妙に知恵を働かせられるよう、ふーっと息を吐いて、冷静さを保ちたいものです。

価値語㉙

1・01と0・99の努力の差

少しずつの努力の積み重ねが、後に大きく実を結ぶことでしょう

1を基準に考えると、1・01も0・99も0・01の差しかありません。しかし長い年月には大きな差となります。

これは、江戸時代の学者・新井白石の、日々の努力の大切さを物語る「一粒の米」の話にも似ています。

写真は、分からない語句を、すぐに調べる習慣のある児童の国語辞典です。調べた語句のあるページには付箋が貼ってあります。自分の学びの足跡が分かるようにするためです。

この児童は、約2年間で2000語位の言葉を調べています。

たくさんの言葉を獲得したことで「自信」を付け、自分の思いを的確な言葉を使って、表現できるようになりました。学校朝会などの大勢が集まる場所でも堂々と自分の考えを言えるようになっています。

社会生活でも、具体的な日数を掛けて計算すると、その差が大きいことがよく分かる価値語です。こつこつと努力を重ねた人とそうでない人には後に大きな差ができます。

1・01×1・01×1・01×……と、365回かけ算すると（365乗）、その答えは37・38になります。他方、0・99の365乗は0・026です。

ある一日だけをとってみれば、0・02というわずかな違いかも知れません。普通に見ただけでは気づかない誤差の範囲で片付けられるかも知れません。しかし、「ちりも積もれば山」となり、1年のうちには1400倍以上、まさに桁違いの差が生まれるのです。

実は「小さな違いが大違い」なのです。そして、望ましい学習習慣は、早く始めれば始めるほど「乗数」の効果が大きくなります。

さて今日から、どんなプラス0・01を始めますか？

価値語㉚

美しい涙

涙の奥にある美しい心を大切にしましょう。

写真は、ディベートの後の姿です。判定者の聞き取り間違いがあり、真実を追求しようとしたにも関わらず、それができなかった。そのことに対して涙を流している様子です。

この女の子は、ディベートに向けて、人一倍、一生懸命に準備をしてきました。悔しいとか悲しいとかという一つの感情ではなく、それまでの子どものストーリーを含んだ涙なのです。このような子どもの姿をフォーカスしていくと、結果だけでなく、途中の努力の過程も大切にする人が育っていきます。

また一生懸命に取り組むことをマイナスにとらえる人がいなくなります。

「竹にはフシがある。そのフシがあるからこそ、竹は雪にも負けない強さを持つのだ」(『俺の考え』新潮社)とは、本田宗一郎さんの言葉です。

一人ひとりのもつ「竹のフシ」を見極め、言葉で伝えていきたいものです。「美しい涙」には、そのように個のもつ努力の姿をも尊重していきたいという気持ちが込められています。

感情がこみ上げてきて、こらえきれずに流す子どもの涙。教師がその気持ちに寄り添うこと、共感することは尊いのですが、その感情がどんなものなのか、即断するのは禁物。

喜怒哀楽の四色だけでなく、人の感情には、繊細で微妙な色合いがあり、また、さらに複雑な葛藤があるかも知れません。

教師として、一人ひとりの子どもを理解しようとする努力がとても大切です。

「先生は、私の気持ちをわかってくれている」と感じれば、信頼感が生まれます。逆に「簡単に割り切られた」と感じると、そのこと自体が、寂しさの理由になります。一粒の涙の中に、その子の世界が含まれているのです。

価値語㉛

裏を美しく

表と裏をつくらないことです。人が見ていないときこそが、自分の本当の姿なのです。

人の前では、精一杯頑張り、人がいなくなるとフーッと力を抜く、そういうところがどんな人でもあるのではないかと思います。子どもたちを見ていると、教師がいるときといないときで明らかに違うだろうという姿もよく見られます。

だからこそ、誰が見ていようと見ていまいと、美しい行動をしている子どもに感動します。写真は、傘立ての傘の様子です。6月に6年生が自主的に校内の傘を美しく直している姿を4年生に紹介しました。それ以降、雨の日にはきちんと傘が収められています。「誰がやってくれたの」と聞いても、名乗り出る人はいません。

この子どもにとっては、そのようにみんなのものまでも整えることが当たり前になっているのかもしれません。全員の傘を入れ直すことは、そう簡単ではないと思います。雨の日は、傘立ての前を通りながら、感謝の想いがあふれてきます。

長期的に繁盛している飲食店は、外から見える看板や客席、厨房の手前側だけでなく、トイレや材料置き場など、見えにくい所まで清掃が行き届いているものです。

不振な店の経営を建て直す腕利きコンサルタントが最初に手をつけるのが「トイレ掃除」。メニューの工夫や接客の改善よりも、まず、「裏」側から手を抜かずきちんと仕事をする習慣の確立を図るのです。

人も同じこと。「陰ひなたのない人」は尊敬されます。逆に、親や先生がいるときには「良い子」を演じているけれど、大人がいないと陰険な顔になる子は、「心の羅針盤」をもっていないということになります。

価値語㉜

最高の受け止め方ができる人に

どんな現実も前向きに受け止め、自分ができる最も良いと考えられる方法で対処していきましょう。

運動会を目前にして、ねんざをしてしまった子どもがいました。練習にはいっさい参加できません。しかし、応援団の練習も、ダンスの練習も誰よりも真剣に聞き、友達の動きをじっと見ていました。

運動会当日、その子どもを見て驚きました。すべての動きを皆と共に立派にやり切ったのです。最後の数日の練習で、そこまで追いつくことができたのは、現実を受け止め、最善を尽くそうという、その子の強い意志があっての結果だと思うのです。

生きていく上では思い通りにならないことや予想もしていなかったことは数限りなく起こります。そんな時、相手や環境を変えることは決してできないけれど、自分を変えることだけはできます。前向きに受け止めて行動することは、子どもたちの将来をも変えていきます。

どんな出来事も受け止める、そんな強さをもちたいものです。

私たちの世界は、「自分の外側に客観的な事実として存在する」という考え方もありますが、実は「自分の内側に主観的な認識としてしか存在しない」という見方も有力です。つまり、真実は見る人の数だけ存在するのです。

「人間万事塞翁が馬」という故事があるように、目の前の出来事に一喜一憂してもはじまりません。どんな事態に立ち至っても、最善を尽くすのが賢明な選択です。

「ピンチをチャンスに」とよく言われますが、状況をどう認識するかが、その後の対応力に大きな差を生みます。そして「対応する力」を responsibility（責任）と呼ぶのです。

価値語 33

神は細部に宿る

細かさや丁寧さを大切にしましょう。

この写真は、友達が誤って床にこぼした墨を協力して拭いているものです。木目に入り込んだ墨まで拭き取ろうと一生懸命です。

このように一見地味で目立たない行動にこそ、尊い価値があります。

法隆寺の五重塔が千三百年も倒れることなくたっていたのは、がっしりとした基礎づくりが大きいと言われています。地下5尺（約1・5m）の固い地山まで掘り下げ良質の粘土を1寸（約3cm）ぐらいつき固め、砂をおき、また固めるということを丁寧に細部に渡って基礎づくりをしていったそうです。

細部に気を付けていくことは、大きなことを成し遂げる第一歩なのかもしれません。

こんな話をしながら、目の前の子どもたちの事実と価値語を結びつけるとさらに効果的です。

この価値語が誕生したことで、より細かいところへと意識を向ける人が増えていきました。社会生活の中でも極微の価値を大切にしていきたいものです。

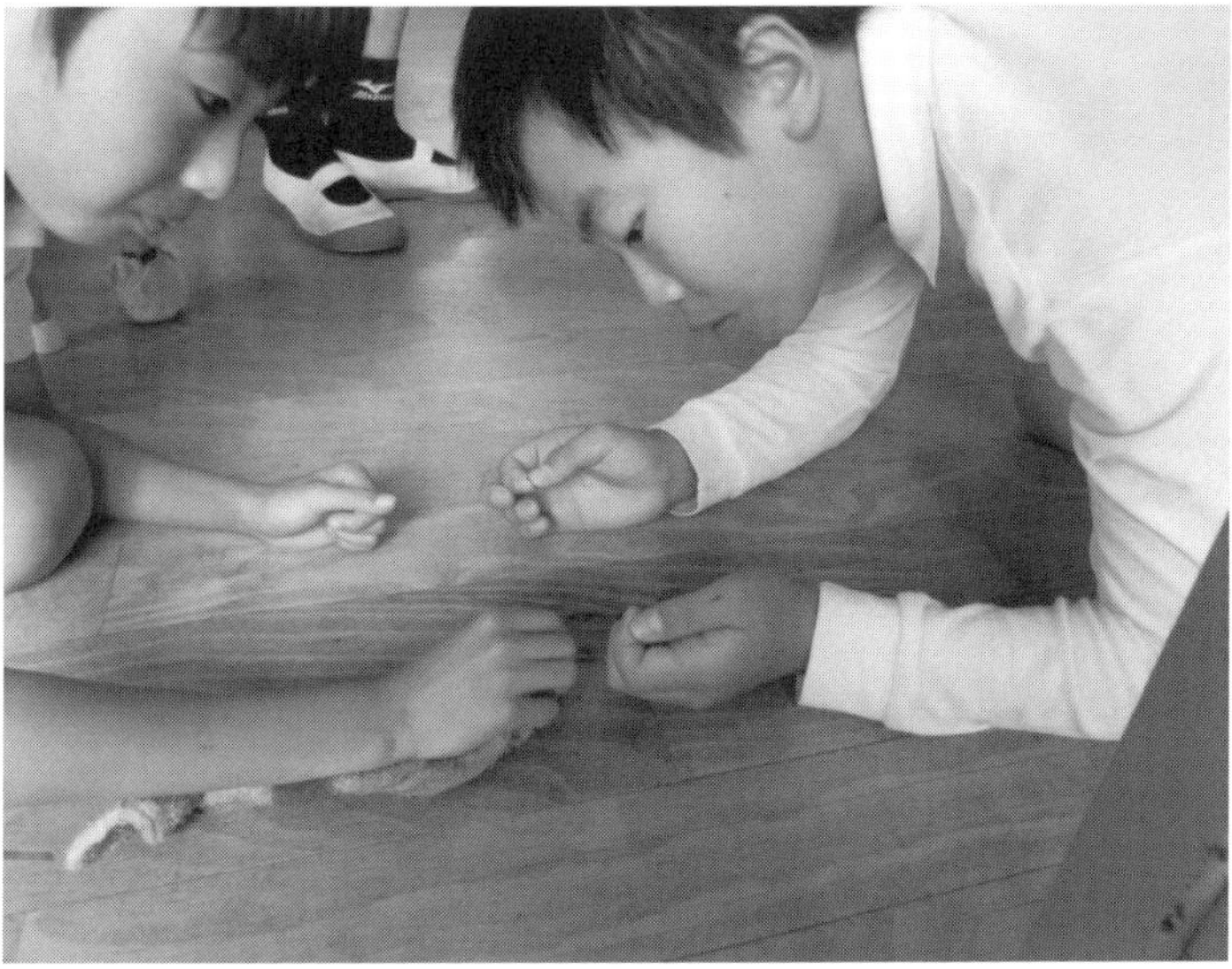

諸説ありますが、「神は細部に宿る」という表現は、前衛建築家のミース・ファンデルローエが使った言葉と言われています。

建築の世界では、ともすれば、「壮大な建物を建てることが素晴らしい」という価値観が優勢になりがちです。しかし、大きさではなく、細部のディテールをおろそかにしては、後世に残る優れた作品にはなりえません。

細かい所まで、配慮が行き届いた仕上がり、良い意味でのこだわりこそが、本質的な価値を決めるのです。

たとえば、漢字の「とめ、はね、はらい」などは、決して瑣末なことではなく、硬筆でも毛筆でも、文字の美しさに影響を与える決定的なファクターなのです。

価値語 34

自己調整力

自分の心や行動を自分で整えていきましょう。

人間は、イライラしたり、悲しくなったり、腹が立ったり、といろいろな感情をもっています。しかし、公の場でこのような姿をありのままに出すことは、周りの人に心配をかけたり、嫌な思いをさせてしまったりすることにつながります。

音楽発表会に向かい、こつこつとリコーダーを練習し続ける子どもを見て、「ほめ言葉のシャワー（238ページ参照）」で出てきた価値語です。この子どもは、学校での練習に加え、毎日、リコーダーをランドセルに入れて家に持ち帰ってまで、練習していたことをほめられていました。難しいと諦め、練習に集中できない人もいる中で、先にある目標を見据えて、焦ることなく静かに練習を続けるこの子どもの姿は周りの人から見ても見習うべき姿だったのでしょう。

見えないところで、こつこつとやるべきことをやっている人はどことなく落ち着きがあり、穏やかな人が多い気がします。自己調整力で、そのような人に近付きたいものです。

英語で言えば「セルフコントロール」。感情を自制するだけでなく、言葉遣いや、物事の優先順位を定めて着実に実行していく堅実さなど、幅が広く、奥も深い言葉です。

人は誰しも「つい」に流されることがあります。「ついたかぶってしまった」「つい嘘をついてしまった」「ついさぼってしまった」など、人間には弱さがついてまわります。

「強さ」とは、「つい」に屈しない力。耳元に聞こえる「甘い囁き」に抗って、「本来、なすべきこと」を成すのは、まさに強い意志の力の賜物です。そのためには、イメージトレーニングでゴールを見定めること、そして、お互いに認め合い、支え合うことが有効でしょう。

価値語㉟

自分の立ち位置を知る

それぞれの役割を理解し、自分の立場にふさわしい行動を取りましょう。

例えば小学校の4年生であれば、高学年を見習い、下級生の手本になっていく立場にあります。いつも後輩に見られているという視点を与えると、子どもたちは自分についてより客観的に振り返ることができるようになってきます。

この価値語を伝えると、全校朝会や行事など、全校での話の聴き方や立つ姿勢など、下級生を意識して手本となろうとする子どもが出てきます。これを写真に収め、クラス全体に見せました。次第に、子どもたち全体に、よりよい上級生になりたいという気持ちが広がっていきます。また、このような気持ちが育ってくると、自然と高学年の姿を見習い、良いところを取り入れようとする子どもが出てきます。

縦のつながりを意識させることで、各学年の子どもたちが、その学年に応じた自分たちの役割を理解し、よりよい姿に近付きたいと思うような、学校全体にプラスのサイクルができてきます。

大人の言葉を使えば「自覚と責任」。役割が変われば、おのずから行動のルールも、周囲からの期待も変わってきます。

自らの立場が自覚できていないために、不用意な発言をしてしまう人、状況にそぐわない行動をしている人、よく見かけますね。

学校の中では、学年が進むほど、常に全体のことを考えて、後輩を指導する役割が増えていくものです。そして、行事の際に前に立って話をする場合には、自覚もしやすいのですが、むしろ日常の何気ない瞬間に、実は、下級生から見られていることも多いのです。

同様に、大人は、いつも子どもたちから見られている訳で、良いお手本になることを自覚する必要があるのでしょう。

価値語㊱

精を込める

精一杯に物事に向かう姿ほど、美しいものはありません。

子どもたちと過ごしていて、熱いものが込みあげて来る瞬間があります。今だっ。この瞬間だっ。そんなふうに想い、カメラのシャッターを押すことがあります。

どんなことであっても、自分の精一杯で物事に向かう子どもを見ると、感動します。今、いちばん良い言葉で励ましてあげたい。そのような想いに駆られます。

写真の子どもは丁寧に描いた下書きに、絵の具で色をつけています。細かく下書きをしていますので、大変な作業です。周りの子どもたちがどんどん仕上げていく中で、最後まで、ひとり根気強く作業をしていました。

一生懸命な人は思わず応援したくなります。真面目さを馬鹿にし、格好悪いとする風潮もある現代ですが、人を感動させる程の一生懸命さは、周囲をも味方につけます。

自分が大切にしたいこと、丁寧に取り組んでいきたいことに真剣に向かいたいものです。その積み重ねがその人の人生になっていくのだと思います。

辞書に載っているのは「精魂を込める」あるいは「丹精込めて」ですが、目の前の仕事に「精神＝スピリット」を注入して取り組むことが、充実した成果をもたらします。

肉体労働の割合が多かった昔と比べると、色々な面で便利になった現代社会には、「精も根も尽き果てるまで」頑張らなければならない場面は少なくなっています。

しかし、だからこそ、体力と気力の限界まで挑戦することの意義は大きくなっているのかも知れません。

出し惜しみせず、持てる力のありったけを投入するときに、新しい自分の可能性と出逢えるのです。

価値語㊲

責任感のバケツ

自分に与えられた責任を果たし、信用してもらえる人間になりましょう。

どんなに小さな子どもでも、果たさなくてはならない責任があるように思います。

責任感のバケツは、当番活動を全員でやろうと、子どもたちが考えた取り組みです。黒板消し当番は班ごとに、輪番で行っていくという決まりでした。しばらく続けると、同じ班の中でいつも一部の人に任せて、全くやらない人が出始めました。このことに気付いた子どもたちが、これではいけないのではと考えた様子でした。そこで、一部の子どもたちが声をあげ、どうしたら責任をもってみんなで当番ができるかを考えたのです。全員が責任を果たしたら、バケツの中の星をひとつ増やそうと考え、全体に呼びかけていました。4年生の終わりという時期で、高学年に向けて、責任感ということを特に意識していたのだと思います。

人任せにせず、やるべきことをきちんとやっていくことは大切なことです。その積み重ねが結果として自分の自信につながっていくのだと思います。

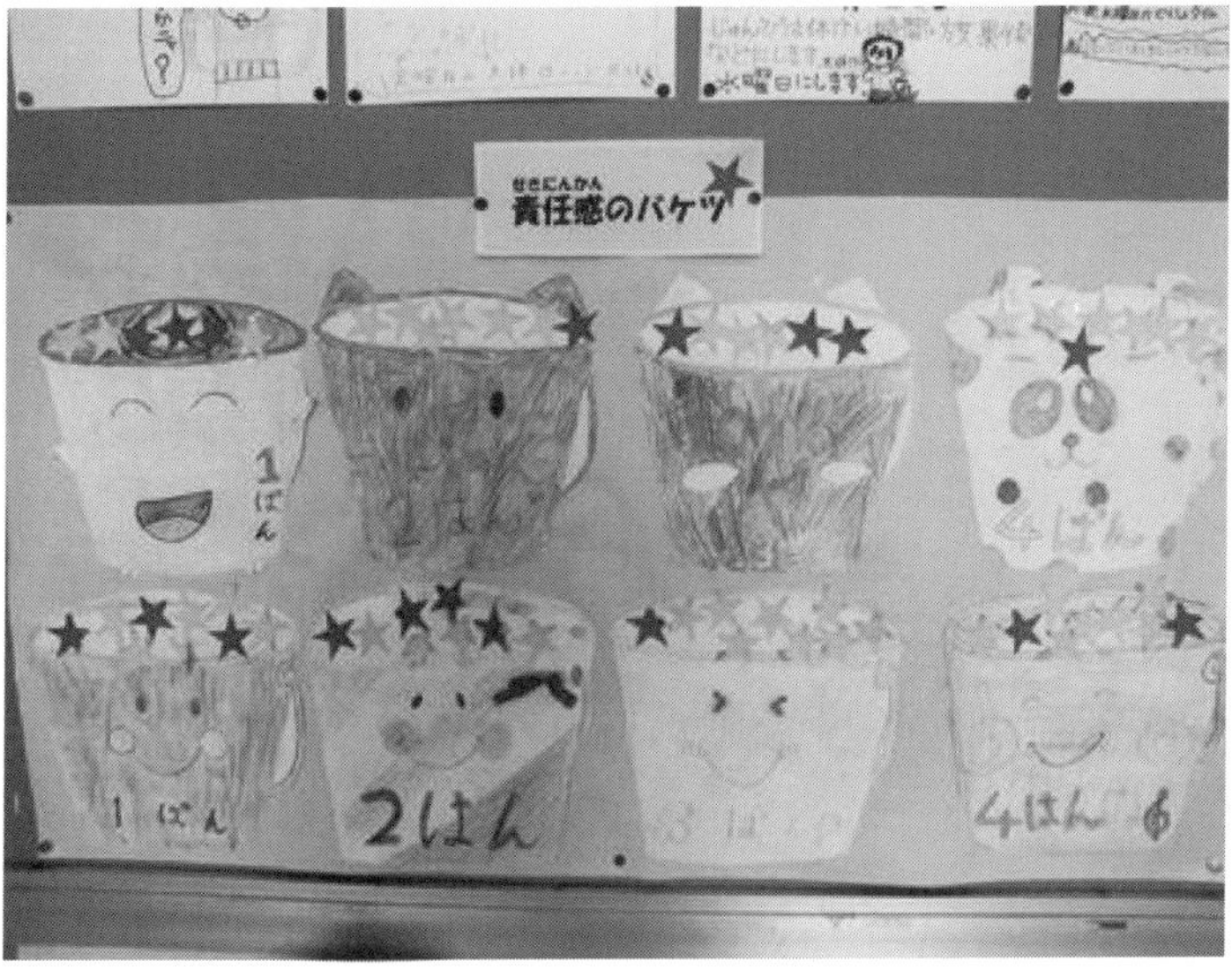

「全員が責任を果たしたら、バケツの中の星を一つ増やす」ということは、描かれた星の一つ一つが、班の仲間の友情と学級全体に対する貢献を表しています。

人間関係も責任も、それ自体は目に見えないもの。だから、ともすれば、易きに流れることがあります。多くの学校では、そんなとき、「さぼった子どもを叱る、罰する」という対応をとるのではないでしょうか？

しかし、子どもたちが、自分たちでしっかり考えて、この目に見えない責任感を「見える化」したのが素晴らしいですね。当番活動は「仕方なくこなす義務」ではなく、積み重なっていく友情の証になったのですから。

価値語㊳

全力疾走の日々を送れ

物事に全力で向き合う姿を応援しましょう。

学校生活では、いろいろなことが起こります。委員会活動をしていて、放送機器が鳴らなくなる、サッカーボールが玄関の屋根に上がる……。大切なのは、そこで起こった出来事にどう向き合い、力を発揮できるかです。子どもたちの本当の力が試されると言ってもいいでしょう。

写真は、そんな中の一枚です。朝の時間に、急に雨が降り出しました。気付いた子どもたちは、運動場に全力で駆け出しました。旗を下ろすためです。迷いなど微塵も感じませんでした。

このように、誰かに言われて行うのではなく、瞬時に主体的に判断し、全力で行動する姿は、とても美しいものです。

社会に出たときにマニュアルでは対応できない不測の事態はたくさんあります。そんなときに、まず主体的に判断し、ときには周りの人の助けも借りながら全力で物事にあたることで、大きな山も乗り越える第一歩となるのではないでしょうか。

最後に全力疾走したのは、いつのことだったでしょう？

日頃からスポーツに打ち込んでいる方を除けば、大人になると全力で走ることはほとんどなくなります。電車や飛行機に乗り遅れそうになって走ることはあっても、「全力疾走」とは違うのではないでしょうか？

転んではいけない。走れる靴を履いていない。そんな理由もあるでしょうが、余力を残しておかないと不安だという気持ちが見え隠れします。

運動会の徒競走。足の速い子も、そうでない子も、全力で走る姿に心打たれるのは、本当は全力で走りたい大人の願望があるからかも知れません。

価値語㊴

他己中

反対の立場の人を思いやれるような、相手を中心とした視点を大切にしましょう。

「相手軸」を育てていくことがポイントです。

本来、人間は自己中心的なものです。しかし、自分と同じように相手を大切にし、まわりの人とともに、よりよく生きていくということを教えていくなかで、相手への思いやりの心「相手軸」を育てていきます。

正義感が強く、友達に対してよく注意する子どもがいました。言葉がストレートで、友達とぶつかってしまうことも多い、そんな彼女が運動会の後のミニ日記に「私は4年間のうち、今年初めて運動会で負けました。私は負けて良かったと思います。負けて初めて、負けた人の気持ちが分かりました」と書いていました。4年生がこのようなことに気付いたことに感動しました。

その後、この経験があったからでしょうか、友達への接し方や言葉の一つひとつが少しずつ柔らかいものに変わりました。相手を思いやる心は、子どもを大きく成長させるのだと感じました。

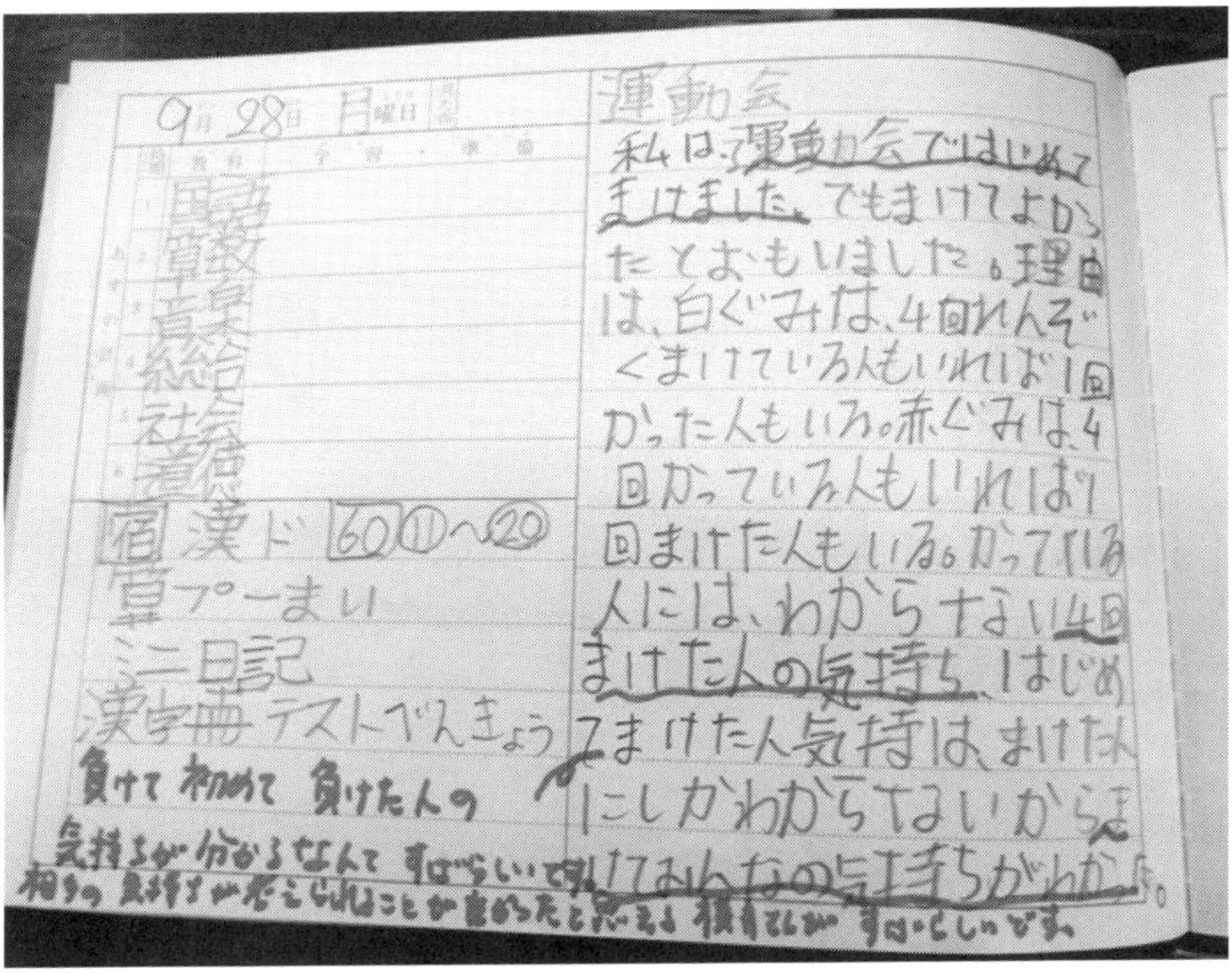

コミュニケーションの基本は、相手の立場に立つこと。伝えたつもりで終わり、ではなく、「伝わった」状態を実現してこそ、初めて完結するプロセスなのです。

ところが、相手の立場に立つ、というのは、言うは易く、行うは難いこと。まず「今、相手はどんな気持ちでいるだろうか?」と想像力を働かせるのが第一歩になります。

辛い体験をしたことがある人は、似たような境遇の人の気持ちに共感する力が高くなります。様々なバックグラウンドをもった他者の存在を知り、想像力を発揮できる力を「やさしさ」と呼ぶのです。

価値語㊵

D語よりY語で行こう

前向きな言葉を使い、前へ前へと行きましょう。

D語というのは、「でも」「だって」「どうせ」といったDで始まる後ろ向きな言葉を指します。逆にY語は、「よーし」「やるぞ」「喜んで」といったYで始まる前向きな言葉を指します。

写真は、英語科の時間に使ったカード類を片付けるときのものです。笑顔いっぱいに片付けようとしています。

前向きな言葉には、プラスの力があります。その場にいる人を明るい気持ちにさせるだけでなく、自分自身も明るい気持ちになります。事業家である山﨑拓巳さんは、「成功者たちは『やる気のスイッチ』を持っている」（『やる気のスイッチ！』サンクチュアリ出版）と言っておられます。何事もどうせやるなら、前向きな心で取り組みたいものです。前向きなY語があふれたら、きっと明るい社会になることでしょう。

迷ったら声をまず出してみませんか？「よーし」「やるぞ」「喜んで」。プラスの言葉のあふれる明るい社会にしていきませんか。

あらたまってスピーチをするときは、誰しも「よそ行きの言葉」を使います。だから、その人らしさは出にくくなります。逆に、あまり意識しないで発する何気ない「口癖」に、その人の人生観や価値観が表れるのです。

「世界各国と比べて、日本の若者の自己肯定感が低い」という報道をよく目にしますが、「どうせ、頑張ったって」「だって、変わらないし」のような口癖が氾濫しているのではないでしょうか？

「よーし」「やるぞ」「喜んで」。

実際、前向きなY語の言葉を発するだけで、内側からエネルギーが湧き上がってきます。さあ今から口癖を切り換えていきましょう！

価値語 41

的確な判断力

瞬間に判断し、行動する力を身に付けましょう。

　ある日の給食準備時間、お汁が入った大食缶を持っていた子どもがバランスを崩して、お汁がこぼれてしまいました。子どもたちの報告を受けて駆けつけました。そこでは、ある女の子が、

「私が雑巾で拭くから、あなたは戻って給食の配膳をして」

「あなたは、○○さんを保健室に連れて行って」

　足に熱いお汁がかかった子どもを確認して友達に指示を出していました。そして一通り落ち着いたら、

「先生、私は○○さんの様子を見てきます」

と言って保健室へと向かいました。そして、

「○○さんは、軽傷でしたから、大丈夫です」と報告に来てくれました。

　予期せぬ出来事に対して、的確に判断してテキパキと行動する姿に感心しました。判断力と行動力はこの子の宝物だと感じています。改めて、子どものもつ力に感動しました。子どもたちから学ばせてもらう日々です。

突発的な出来事が発生したときに、沈着冷静に判断し、指示を出すことができるのは、素晴らしい能力です。その人のもって生まれた素質もあるかも知れませんが、むしろ、誰かの姿を見て学びとったこと、自ら実践して磨いたことが、大きいのではないでしょうか？

不測の事態に遭遇して、あたふたと狼狽することなく、的確に行動するためには、日頃の練習が役に立ちます。

学校では、防災訓練や消火器の使い方の練習が行われますが、教科教育以上に「生きる力」に直結した、大切な学びと言えるのではないでしょうか？　真剣に取り組みたいものです。

価値語㊷

てこの原理を使わない

楽をするのではなく、努力を惜しまないようにしましょう。

「てこの原理」は、「小さな力で大きなものを動かすこと」です。「てこの原理を使わない」とは、「楽をするのではなく努力を惜しまないことの大切さ」を意味しています。

写真は、算数科の「図形の面積」の学習のときのものです。台形を既習の図形に変形し、面積を求める学習でした。eラーニングの普及しつつある今では、紙のシートを使い、試行錯誤する作業は無駄に思えるかもしれません。しかしこうして、図形を実際に切り、動かし思考錯誤する作業は、図形についての「豊かな感覚」や「数学的な考え」を育む上での大切な算数的活動だと思っています。

ともすれば何もかも便利な社会で、スマホ一つで好きな買い物ができたり、遠くの友達とつながることができたりします。そのような便利なものと使い分けながら、特に教育の世界では、子どもたちに今身に付けてほしい力を、地道に自分たちのものにしていってほしいと思っています。努力を惜しまない心は、積み上げることでしか育たないと思います。

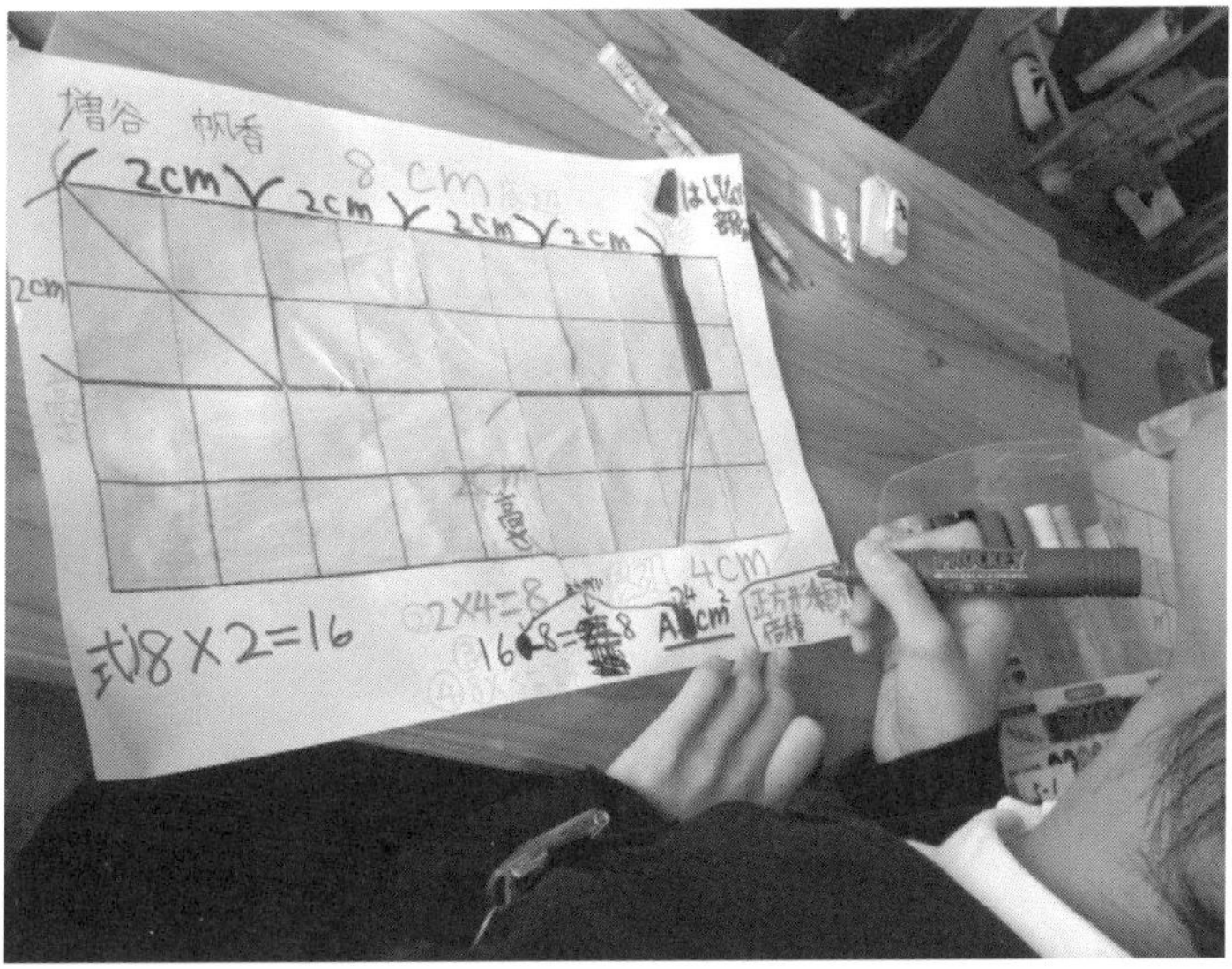

小さな力で大きなものを動かせる「てこ、滑車、車輪」などは、人類の大発明と言えます。こうした技術がない時代に、私たちの先祖が、ものを運ぶためにどんなに苦労をしていたかを思うと、想像を絶します。

生まれる前からすでにあった技術は、使うのが当たり前で、「使わない」という選択肢はまず考えられません。

同様に、デジタルネイティブと言われる世代にとって、電卓やタブレット、スマホを使うのは当たり前。しかし、その原理を知らなければ、すべては「ブラックボックス」になり、人間が機械に使われる状態になります。

原点に立ち返り、様々なプロセスを理解することは無駄ではなく、必要なことなのです。

価値語 43

流れてきた桃をつかむ

チャンスを自らの手でつかみましょう。

おばあさんが、流れてきた桃を拾ったことがきっかけで、桃太郎は鬼退治に行くことになりました。それぞれの学級や学校で、「成長のチャンス」は日々あります。それを感じて行動できるか、できないかでその人の成長は変わってきます。

委員長や班長に立候補する、学習発表会でやったことのない役に立候補するなど、日々「成長のチャンス」はたくさんあるのです。

写真は広島市の陸上競技会に出場したときのものです。クラスの子どもたちが、千人を超す出場者、そしてプロのサッカーの試合も行われるような大舞台での競技会に、勇気を出して出場することを決めたのです。そしてこつこつと地道な個人練習も重ね、それぞれがもつ記録を大きく伸ばすことができました。

この競技会に出場したことで、自信がついたのでしょう。教室でもそれ以前より堂々と意見を言うことができるようになりました。

成長のために、流れてきた桃（チャンス）をつかめる人になりたいものです。

もしも、川に洗濯に行ったおばあさんが、どんぶらこと流れてきた桃を拾わなかったら、「桃太郎」の物語は、あっという間に終了していたかも。いや、竹取の翁が拾って、月に向かうストーリーになったかも知れません。

一人ひとりの子どもは、それぞれの人生の主人公。毎日、流れてくる桃や輝く竹と出逢っています。

実はこつこつと床を磨く姿だけが感動の物語なのではありません。一見、何もしていないように見える子の内面に、ダイナミックな心的世界が広がっているかも知れないのです。

教師が、親が、大人が、「桃」を見つける力を磨き、主人公たちを応援したいものです。

価値語44

非言語に表れる美しさ

「非言語＝主に行動」の美しさに焦点を当てて、美しさを読み取りましょう。

写真は、運動会の全体練習の場面の一コマです。前に立つ方に心を込めて深々と礼をしています。美しい姿だと思いました。礼についての角度を指導したことは一回もありません。

後でこの深々と礼をした理由を聞いてみました。すると、彼女は「運動会は、感謝の気持ちと成長した姿を伝える場だから、心を込めて礼をしました。練習でしていなかったら本番でできないと思いました」と答えたのです。そのような内面も大切に見取りながら、丁寧に価値付けしていきます。

言語ばかりに視点が向けられがちですが、このような「非言語」に表れる美しさを価値付けることで「そうか人はそう感じるんだ」「意識していなかったけど、人に与える印象をもっと大事にしていきたいな」という気持ちになれると思います。

社会生活の中でも、あいさつの時の「笑顔」や「目の合わせ方」、「おじぎの仕方」「手の添え方」などの「非言語」にも意識を向けて言葉を贈ってみませんか。

コミュニケーションが人間関係に与える影響は、「言語＝何を言うのか」よりも「非言語＝どう伝えるのか」のウエイトの方が圧倒的に大きいのです。

テレビのニュースで報道される記者会見の映像。口先では謝罪の言葉を並べていても、顔の表情や細かい仕草、あるいは、声のトーンなどから、その人が本気で申し訳ないと思っているかどうかは、伝わってくるものです。

おじぎは、今は「お辞儀」と書きますが、「時宜」が本来の表記です。最高のタイミングで、その場の状況に合った「挨拶」（これは元々、仏教用語）ができて、気持ちが伝えられると理想的ですね。

価値語㊺

美点凝視

美しい行動をしっかりと心で見ていきましょう。

「どうせ人は見てないからいいや」、「こんなこと頑張ってもしょうがない」といったような狭い考えではなく、「ここが私らしさ」、「自分はここも大切にしたい」といった、思いを表現できる人を育てていきたいものです。

写真は、運動会の全体練習で、中指にしっかりと力を入れて、「気をつけ」をしている子どもの姿です。日々の生活の中で、他の人があまり気付かないようなことをできるだけフォーカスし、伝えていくことが大切です。

自分では意識していなかったことを、人から伝えられることで、自分のよさに気付くこともあることでしょう。「こんなところまで気付いてくれたんだ」という思いは、「あなたのことを心で見ていますよ」というメッセージにつながります。ジョハリの窓でいう「盲点の窓」（他人は気付いているが、自分は気付いていないこと）にあたります。美しい行動を心で見ることが、細部に気を付ける意識を高めることにつながります。他の人が気付かないような極微に心を向けたいものです。

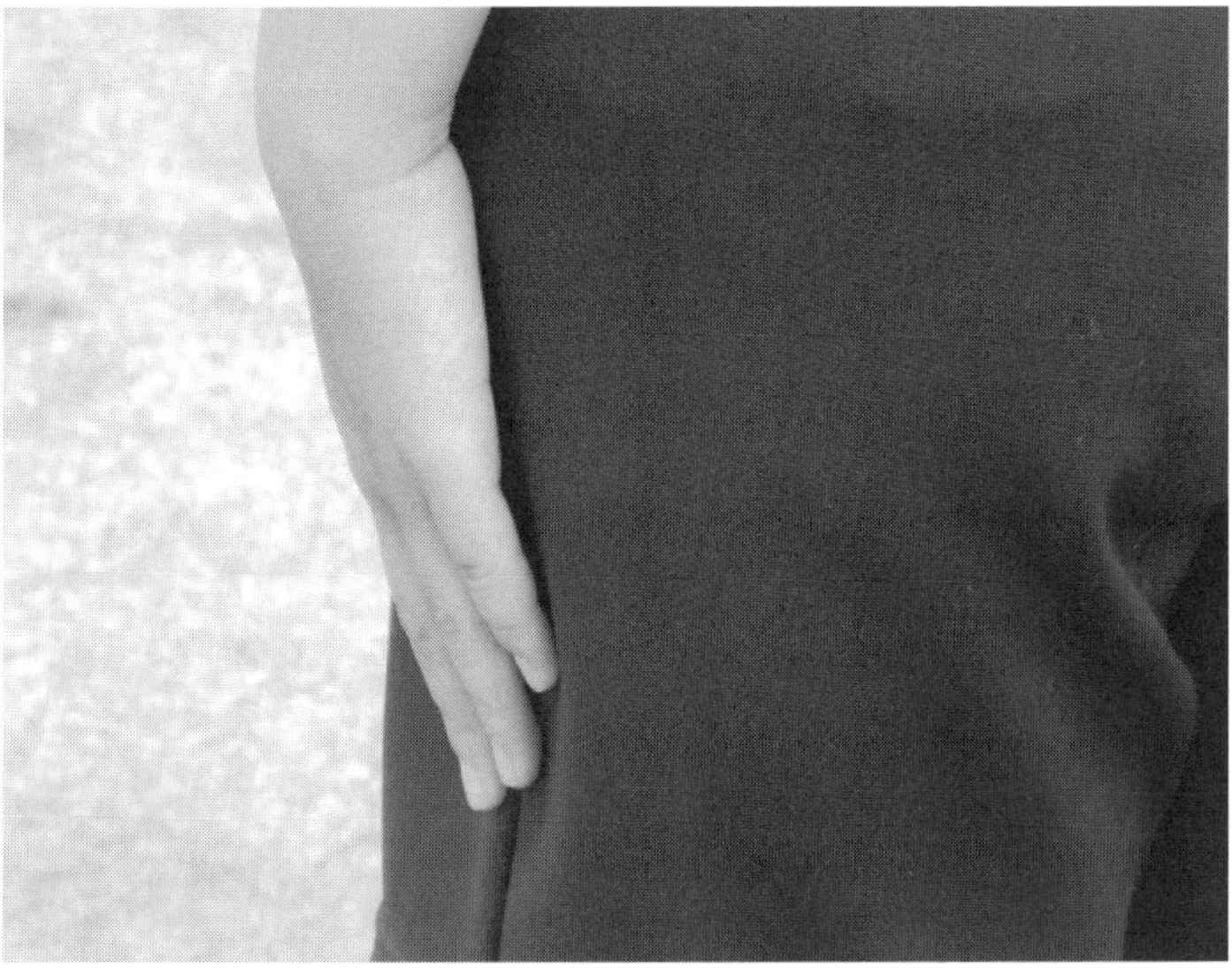

人間は目に入った全てのものを見ている訳ではありません。「認識の受け皿」が用意されているものだけが見える仕組みなのです。

ですから、ほめ上手になる最大のポイントは「他者の良いところを探すこと」。そうすると「良いところ」が見えてきます。

大人である教師から見ると、子どもの未熟なところ、不完全のところの方が見えやすい傾向があります。それは、自分を基準に据えて、自分との違いだから認識しやすいのです。

「ほめ言葉のシャワー」は、子どもたちにとっても、観察力を磨く絶好のチャンス。相手自身も気付かなかった素敵な長所をどんどん発見していってあげましょう。

価値語㊻

人としての100点を目指す

目先の結果ではなく、人として大切にすべきことを積み上げていきましょう。

夏休みの宿題に目を通していると、難しかったのだろうなあと苦労の足跡が見られるものがいくつかありました。学習面だけで見ると、達成感を得るところまで行くには時間がかかる、そんな子どもたちです。

「宿題、大変だったね。頑張ったんだね」

「大変だった。分からんかった」

そんなやりとりをしながら、勉強ももちろん大切で頑張る必要があるけれど、これからは人としての100点を目指していこうと伝えました。友達を大切にしたり、やるべきことをきちんとやったり、そちらで100点をとろうじゃないかと提案したのです。

その人のよさは、ひとつだけの見方では計ることはできません。テストの点は全体で考えるとごく一部だと言えます。

この子どもは、その後、集団の中で自分を成長させようと努力すると共に、学習に対しても、いつか100点をとりたいという目標を持ち、努力を始めました。そんな姿を見て、こちらが励まされる日々です。

IQ（知能指数）に対して、EQ（こころの知能指数）という概念があります。学校における教科教育は前者を鍛え、テストの点数で評価する所に力点が置かれがちですが、これは加速度的にeラーニングに置き換わっていくでしょう。

他方、人格を磨くこと、社会性の涵養といったEQに関する領域は、やはり他者との接触（＝切磋琢磨）により初めて実現することなのです。社会人になってからの「成功」は、IQよりも、むしろEQと相関しているという研究もあります。

画一的に知識や技能を伝授することよりも、一人ひとりの子どもがもつ、その子なりの長所を伸ばしていくことが大切なのです。

価値語㊼

ビル谷からでも空を見上げよう

困難を知恵と工夫で乗り切ろう。

ビルの重なる都会の景色。しかし見ようと思えばビルの谷間からでも、空を見上げることはできます。この価値語は、「与えられた環境をなげいて何もしないのではなく、知恵と工夫で乗り切ろう」という意味があります。

三泊四日の民泊体験に出かけました。午後からのプログラムは、各家庭ごとに内容が違います。ある家庭では、農業体験として、にんにくの皮むきをすることになりました。約600個ほどあったそうです。一つずつむいてもむいてもなかなか減った実感がありません。午前中の疲れもあり、グループ内の空気もマイナスの雰囲気になりかけたとき、リーダーが「よし！　ここは歌で乗り切ろう！」と「にんにくむきむきの歌」をつくりました。その後一時間ほどみんなで楽しく歌いながらにんにくの皮むきを終えたそうです。

社会生活で困難な場面に出会っても、まるでビル谷から空を見上げるように、視点を変えて困難を乗り切る知恵と工夫をしていきたいものです。

米沢藩の財政を建て直した上杉鷹山公は「成せば成る　成さねば成らぬ、何事も　成さぬは人の成さぬなりけり」という歌を残しています。

何事も「できない」と決めつけてあきらめてしまえばそれで終わり。「できなかった」という現実がそこに発生します。

逆に「どのようにすればできるだろうか？」と考えて、みんなで知恵を出し合えば、アイディアがうまれてくるものです。「出口のないトンネル」はありません。同様に、「空の見えないビルの谷間」もまた、存在しないのです。角度を変えて、現状を見直してみましょう！

価値語㊽ 古い表皮よ、さらば

成長は多少の痛みを伴うもの。古い皮を破っていきましょう。

人が成長していくためには、多少の痛みは伴うものです。「成長するためには」（『小さな庭』教育出版センター・葉祥明）という詩の中に、「古い表皮は破かれなくてはならない。その痛みなしには誰も成長できない」という言葉があります。

運動会でロックソーランを踊ることになりました。今一歩自己開示できていない人がいることがクラスの課題でした。そこでクラスで「より自己開示するためには」の話し合いをしました。「クラスには安心感がある。できない人には、その勇気がないから。みんなでその背中を押そう」ということになりました。クラスで立てた目標は、アニメに由来する「スーパーサイヤ人力」でした。「自己開示しながら大きく変身していこう」という意味が込められています。休み時間には、進んで友達と踊りの細かい動きやコツについて教え合う姿がありました。本番では、全員が精いっぱいの力を出し見事に踊りきりました。古い表皮を見事に破っていきました。

アゲハチョウの幼虫は、5回脱皮して成虫になります。特に、サナギになるとき、サナギから成虫になるときは大きな試練です。糸で身体を支えながら、古い皮を脱ぎ捨て、振り払っていくのは、まさに命がけの大仕事。

しかし、もし、このプロセスを恐れて、脱皮しなければ、青虫のまま、一生を終わることになってしまいます。

前向きなチャレンジをして、その時点で成果に結びつかなかったとしても「失敗」と呼ぶのは止めて、「未成功」と呼ぼうと提案しています。成功をつかむためには、質の高い未成功を積み重ねていくことが必要です。

価値語㊾

やり続けるという才能

始めるのは簡単です。やり続けていくことで自分を育てていきましょう。

新しいことを始めるとき、頑張ろうと力が湧いて来ます。しかし、やり続けることは案外難しいのではないかと思います。

帰りの会が終わったあとに、良い姿勢できちんと立ち

「先生、さようなら」

と、美しい礼と共にあいさつをして帰る子どもがいます。普段から家庭で礼儀正しくしつけをされているからでしょうか。自分でそのようにしようと決めたからでしょうか。あるときから、毎日なのです。真似をして、始める子どももいるのですが、続かないのです。

周りの子どもたちが努力をしないとできないことを、コツコツとやり続けることができる、あいさつの大切さを理解しているからこその行動だと思いました。誰もやっていないことを周囲の目を気にせずにできることも素敵だなと思いました。

どんな小さなことでも、心に決めてやり続ける。そういう姿勢を大切にしたいと思います。

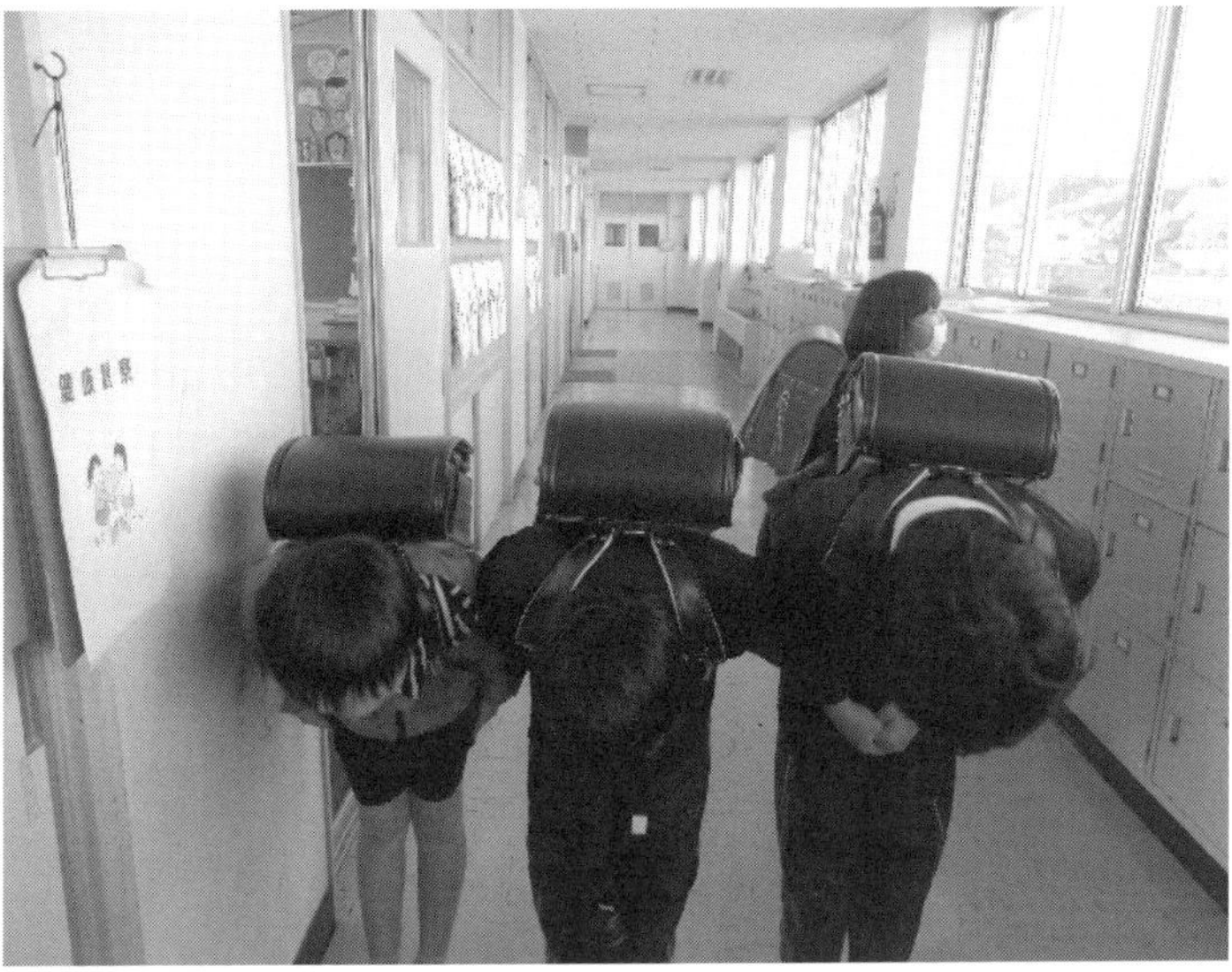

succeed という英語の動詞には、二つの意味があります。一つは「成功する」、もう一つは「継承、継続する」という意味。

成功の秘訣は、「成功するまで続けること」。継続こそが「成功の鍵」なのです。「やろう」と決めたことは自分との約束。これを守れば、自己信頼が高まり、さらに、やる気が高まり、行動力が持続します。しかし、自分との約束を破ると、自己肯定感が下がってしまいます。

ここには「ニワトリと卵」の関係がありますが、まずは、確実にできる「小さな約束」をするのがポイント。そこから、自己信頼の階段を一歩ずつ上がっていきましょう。

価値語 50

若竹のように伸びよう

若竹のように、まっすぐに成長していきましょう。

人は学び合いながら成長していきます。高い空に向かってまっすぐに成長していく若竹のように、学び合いながら、それぞれの力を伸ばしていきたいものです。

写真は、ある日の授業風景です。天井に向かってまっすぐに伸びた指先からは、子どもたちの「話したい」「伝えたい」「成長したい」との純粋な思いがストレートに伝わってきます。

またそこには、間違ってもいい、失敗してもいいという「集団への安心感や信頼感」がベースにあるということも感じられます。

成長期には、1日に数10㎝から1ｍ近くも伸びると言われる若竹。人の成長期は、人それぞれで、年齢的に若いときだけとは限りません。どの時期であってもまっすぐに伸びゆく姿を周りも応援していきたいものです。

お互いがお互いを認め合う集団の中では、一人ひとりが自分らしさを発揮し、集団もまたまっすぐに伸びていきます。

若竹の成長は見ていて清々しい気持ちになります。天に向かって、まっすぐに、すくすくと、そして、すごい速度で伸びていきます。

学校のカリキュラムは、1年間にこれだけ教えよう、という教育内容が決まっていますが、子どもの伸びはその枠に制約される必要はありません。「それは、この学年の配当範囲を超えているから、勉強しなくていい」などと、成長を抑制する必要はないのです。

一人ひとりの子どもの将来は、それぞれ異なるので、目標への道のりも多様な経路があってしかるべきなのです。

子どもたちが、その子の未来に向かって、まっすぐに成長していくように応援していきましょう！

価値語 III

個と集団

私たちは、常に集団の中で生きていかなくてはなりません。一生をたった一人で生き抜くことなんて到底できないのです。

私たちの生活の場は、次のように拡大していきます。

①個人
②家族
③学校
④地域
⑤社会

このことからもわかるように、私たちは個人をベースとして、周りの人たちと関わりあいながら、生活の幅を広げていきます。

ベースである個をしっかりと確立し、その個が生かされる場である集団において、協調性や協力性を発揮しながら生きていくことが求められているのです。

その上で、集団のルールを尊重し、社会人としての役割を果たすなど、「社会が公の場」であることを常に意識して生活していきたいものです。

価値語51 アドリブほいほい

即興性を高めよう。

「ほめ言葉のシャワー」を通して付いていく力の一つに「即興性（インプロ）」があります。なぜなら「ほめ言葉のシャワー」は、話す内容や立つ順番など一瞬一瞬どうするかということを常に考え続ける必要があるからです。その日の主役の言動を極微に渡って観察した上で言葉を伝えます。例えば、「○○さんは、『浅い川を深く渡る』人だと思います。なぜなら、『漢字学習の時に、『空書きをしましょう』と『を』入れて言っていたからです」といった感じです。徐々に回を重ねてくると、主役からの「無茶振り」（リクエスト）も入ってきます。「ほめ言葉を『物語』に例えてください」や「『好きな歌詞』に例えてください」などです。毎日それらの即興性を試される内容にも、ほいほいと応えているのです。

まさに「アドリブほいほい」の世界です。

社会に出ると、アドリブが要求されることの何と多いことでしょうか。むしろマニュアルばかりにとらわれると、創造性の必要な仕事はできない気がします。

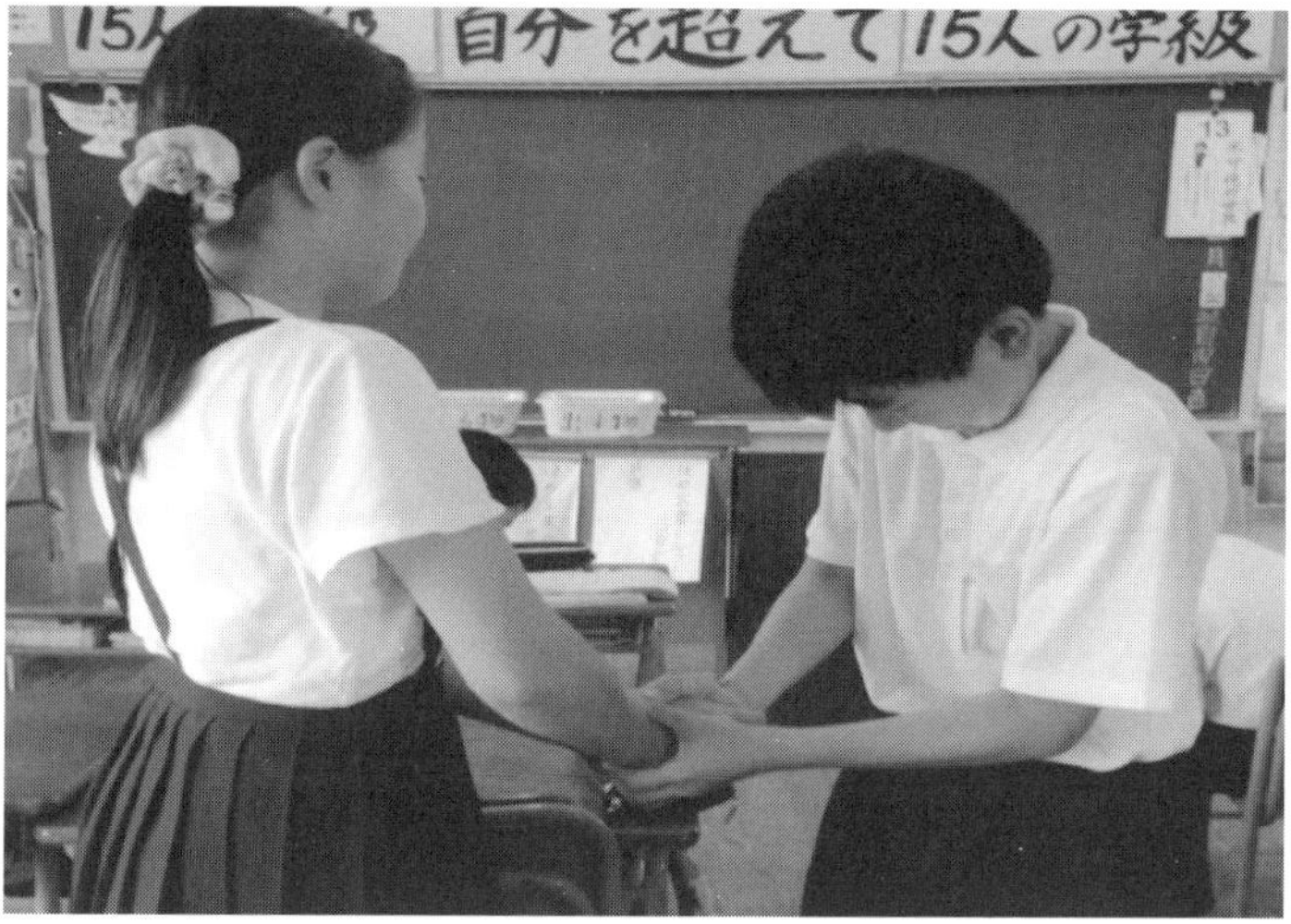

アドリブは、課題に対してその場で自分なりの対応を編み出していく力。即興性には、情報処理速度の大きさと、創造性の両面があります。

「笑点」というテレビの長寿番組は、大喜利のお題に対する正解が決まっていないから、50年近く続いています。良い答え、面白い答えは、座布団がもらえる仕組みですね。

教室の中でも、「打てば響く」反応をするだけではなく、「正解が一つに定まっていない課題」に対して当意即妙に、自分らしいユニークな答えを創造していく力を、また、面白い課題そのものを生みだす力を鍛えるトレーニングなのです。

価値語52

1秒を0・5秒で動く

周りの人のことを考え、行動のスピードを上げましょう。

「1秒を0・5秒で動く」――簡単に言うと2倍速で動こうという意味です。

子どもたちの中には、いつまでも人を待たせる。自分のことを優先して行う。時間を意識できない。このようなマイペースな行動が必ず見られます。周りの人のことを考えるという意識が育っていないのです。

写真の子どもは、時間内に給食当番をやりきろうと、テキパキと動いています。行動に無駄がなく、やるべき事を一生懸命にやっています。

この価値語を子どもたちに伝える際に、学校では、人と共に生活しているので、自分の時間と他の人の時間は重なり合っていること、時間に遅れることは、人の時間を奪っていることなのだということを話しました。

マイペース、よく使いがちな言葉ですが、これをよしとしてはいけないと考えています。集団での生活は自分を磨くチャンスです。行動のスピードを上げましょう。

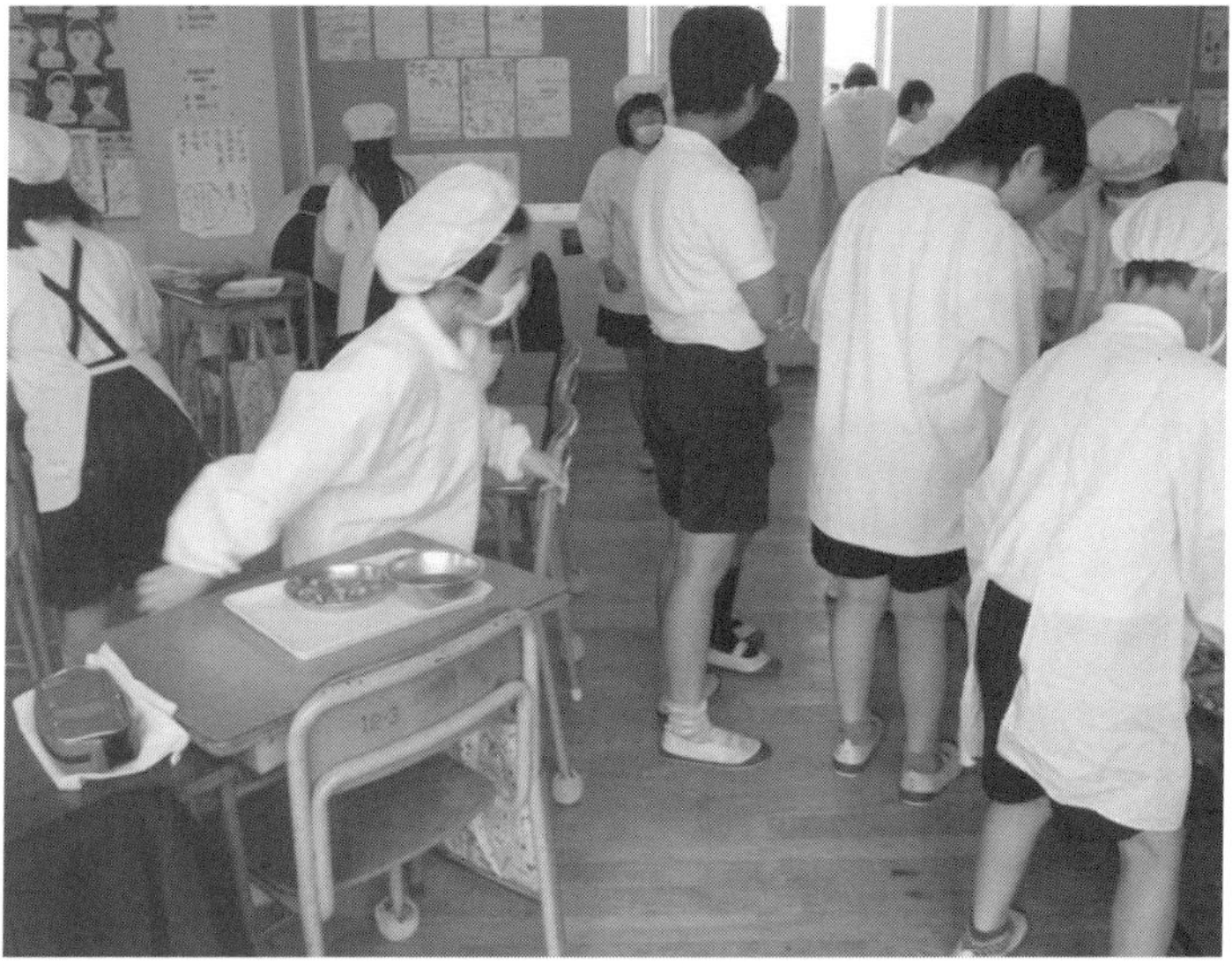

社会の中で様々な格差が取りざたされていますが、時間だけは、全ての人に平等に与えられています。富める人にも、貧しい人にも、1日は24時間、1年は365日なのです。

しかし、時間の使い方は、万人にいつも均一ではありません。集中力を発揮した5分間の成果が、だらだらした1時間よりもはるかに大きいということはよくありますね。

Time is money.「時は金なり」と言いますが、実は Time is life. 1分1秒の使い方が人生、そして、命の使い方、そのものなのです。

大切な自分の命、周りの人の命をどう使っていくのか、毎日、真剣に生きたいものです。

価値語53

一匹目のペンギンになれ

いちばん初めに挑戦できる人になりましょう

いちばん初めにやってみるのは、とても勇気がいることです。しかし、誰もやらないことをいちばんにやってみることで、自分に得られるものが大きいのも確かです。

たくさんの人の前で、質問をしたり、意見を言ったりするのはとても勇気がいることです。そんな時、口火を切ることができる人がいます。賞賛の眼差しを向けられるとともに、その言葉は聞いている人の心に強く印象付けられます。

子どもたちの中にも考えをもち、思い切って発言できる子どもはやはり力をもっている子どもです。そして、一度勇気をもって発言した子どもは、次はもっと簡単に発言することができるようになっています。

何でもいちばんにやるのは大変ですが、実は後になればなるほどハードルは上がるということを知っておく必要があると思います。

どんなことでも、最初に出ていける力をもちたいものです。

【参考】「最初に飛び込むペンギンになれ！」（日経ＢＰ社）

英語では、集団の先頭を歩くリーダーのことを pathfinder（道を見つける人）と呼びます。野山を旅するとき、最初の人が、進むべき道を見つけ、多くの後続の人々がそれについて行くことができます。その後、多くの人が通り、路面が踏み固められて道ができます。

現代は「道なき道」を歩むことが求められる時代。過去の成功体験が必ずしも、未来に通用するとは限りません。

先頭を進む人は、不安と向き合い、リスクもあるし、責任も重大です。尻込みしたくなる人がいるのも当然でしょう。しかし、誰かが最初に進まなければ道は開けません。そして、何物にも代え難い充実感を手に入れられるのも最初の一人だけなのです。

価値語 54

オリオン座の三ツ星力

リーダーとして自覚と責任を持って範を示しましょう。

オリオン座は、夜空にひときわ美しく輝く星座です。また真ん中に三ツ星があり、見つけやすい星座でもあります。時に道しるべとしても使われます。この価値語には、「リーダーとしての自覚と責任」という意味があります。どんな集団でも、リーダーが輝いていれば、オリオン座のように、周りを明るく照らし、人を導くことができます。

写真は、朝会の後に、学校のリーダーとして進んで片付けをしている子どもたちです。子どもたちが片付けをするというきまりはどこにもありません。担任が指示したこともありません。自主的に考え、判断し行動しているのです。朝会だけでなく、行事ごとに毎回欠かすことなく、片付けをしています。

このようなリーダーとしての自覚と責任ある行動は、集団を明るく照らします。おそらく卒業した後は、後輩たちがその伝統を引き継いでいくと確信しています。

リーダーはまず範を示す、その自覚と責任が厚みのある集団をつくっていきます。

オリオン座の三ツ星は古来、信仰の対象となり、様々な名前がつけられてきました。それは冬の夜空でいちばん目立つ存在であり、特に船を操る漁師にとって、命を守る道しるべになったからです。

日本の社会にはこれまで「目立つ」ことを、あまり評価しない雰囲気がありました。「出る杭は打たれる」という諺はその象徴ですが、最近は「出過ぎた杭は打たれない」という表現も使われようになりました。

英語の outstanding という形容詞は「集団から頭一つ抜け出し目立つ＝傑出して素晴らしい」という意味。良い行いをして目立つことを遠慮する必要はありません。

価値語55

教室に入る時は仮面をかぶる

公では、その場にふさわしい自分に切り替え、責任ある行動をとれる自分になりましょう。

菊池学級では、写真のように教室の入り口にホワイトボードがかけてあり、子どもたちは今日一日の具体的な目標を読んで教室に入ります。ここが、関所であり、ここで教室という公に向かう自分に切り替えるのです。

教室は学ぶところですから、学習規律を守り、クラスの目標や約束、先生の言うことに従いながら生活をします。そこには厳しさがあります。

家庭の中での素の自分ではなく、公での自分という仮面をつけてでも切り替えるのだという強いメッセージが価値語に込められています。写真のホワイトボードでは、元気に、しかし心は落ち着いてと行動を引き締める言葉が添えられています。

例えば、会社に向かう、通勤の車の中で、電車の中で、家庭での自分と社会に出ていく自分とを切り替える。このような意識をもつことは、大人にとっても大切なことかもしれません。

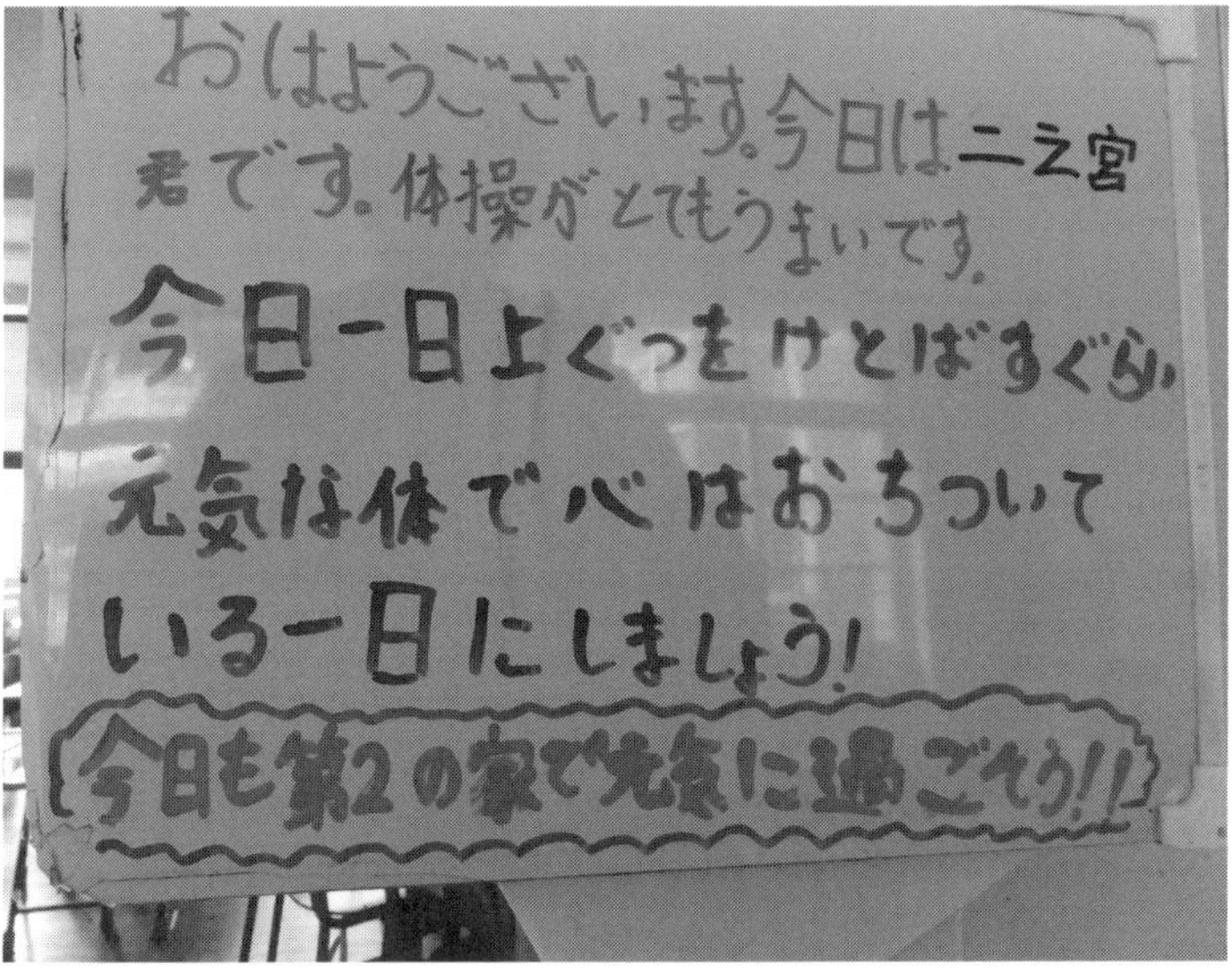
おはようございます。今日は二之宮
君です。体操がとてもうまいです。
今日一日よくつをけとばすぐらい
元気な体で心はおちついて
いる一日にしましょう!
今日も第2の家で元気に過ごそう!!

大人にとっては当然のことですが、TPOに合わせた服装があり、その場の状況に合ったマナーや言葉遣いが求められます。ただし、「よそいき」の服を着ても、中身の人間が変わるものではありません。スーツを着ても、和服を着ても、自分らしさを表現することは可能です。

制服のない小学生にとっても同じこと。教室に入る時に、教室にふさわしい行動・言動のパターンになるよう、スイッチを入れることが大切です。

教室では「ぶりっ子」になれ、ということではありません。学級という集団の中で、協調性を保った行動・言動を行おうと決めること、実践することが社会化の柱になります。

価値語56

心に美しい畑を育てる

美しい心を育てましょう。

子どもたちは、誰にも言わずに、さりげなく美しい行動を取ることがあります。そんな一コマがこの写真です。

ある日、業前体育から教室へと帰るときに、女の子たちが、他学年のたたまれていない傘をたたみ始めました。まるで自分たちがたたむのが、当たり前のことのように。ひたすら黙々と。その姿は無心にも見えました。

傘の持ち主たちも、「たたみましょう」と注意されるより、こうして行動で示される方が、より心が動かされるような気がします。きれいにたたまれた傘を見て、どんな気持ちになったでしょうか。

この写真から「心に美しい畑を育てる」という価値語が生まれました。蒔いた種は、後に美しい畑で大きく育っています。

あれこれ注意をしたり、注意喚起の紙を貼ったりするのも一つの手段かもしれません。しかし、このように「範を示す」美しい行動から、あるいは事実から、人は心を動かされるのではないでしょうか。

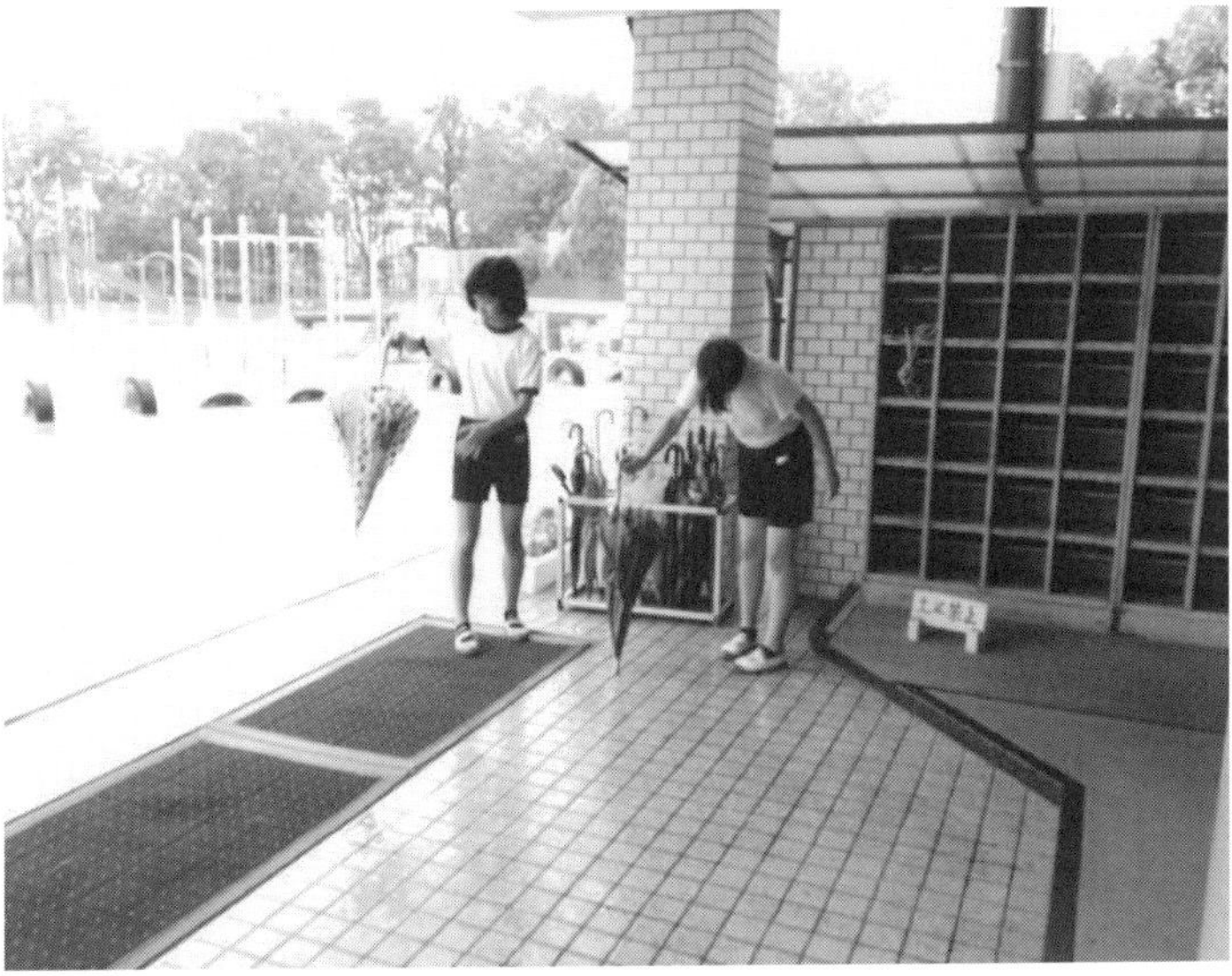

畑の作物は「育て！」と命令されたから育つわけではありません。一粒の種の中には、芽を出し、成長するエネルギーがつまっていて、その可能性が発現するのです。

すべての子ども中にも、美しい心の種があります。これもまた命令で育つものではなく、自然に発揮されるもの。また素晴らしいお手本は、他の子の心の種に「感化」を与えます。

「助長」という言葉の出典は中国古典の「孟子」で、「宋の国の農夫が、苗を早く成長させようと余計な手出しをして、かえって逆効果になり、害を与えた」という故事から生まれました。教育者には、自然な発達を「見守る」度量も求められます。

価値語57

個性の爆発

一人ひとりの内面のよさを輝かせましょう。

「弦は緩み過ぎては音は鳴らず、張り過ぎては切れてしまう」の言葉があります。集団生活の中で、気が緩んでばかりもいけませんが、いつも張りつめてがんばり過ぎていても、しんどくなります。

写真は、週に1回の、朝の5分間を使った係活動（力育て係）の様子です。係の女の子が、内面をなかなか出せない人のために「人気グループのダンスをしてください」との「無茶振り」をしました。一人では恥ずかしいことも、大勢でやると、勢いに乗ってできることもあります。少しずつ違った一面を、公の場で見せられるようになると、本来の「自分らしさ」を徐々に出せるようになっていきます。ある恥ずかしがり屋の男の子は、もともともっていたユニークな一面を、学校でも出せるようになりました。

社会生活の中でも「その人らしさ」が出るようなきっかけづくりはたくさんあると思います。それを引き出すのは「周りの人の働きかけ」です。是非引き出してみませんか。

儒教では、一人ひとりがもっている豊かな可能性を「徳」と言います。それが内面に秘められて発揮されていないときに「玄徳」と呼び、外に表れた時に「明徳」と呼びます。

しかし、「一人で個性を表現せよ」と命じられても、照れたり、戸惑ったりする人が多いのではないでしょうか？　仲間と一緒なら、思い切った行動がとれる、という人もいるはず。「赤信号をみんなで渡る」群集心理は、「群れ」レベルの悪しき行動を招来しますが、そうではなく、何らかの刺激によって、ひとたび、個性を発揮するポジティブな連鎖反応が起こると、まさに爆発的なエネルギーの開放が実現するのです。そのきっかけが、無茶振りの一言である場合もあるでしょう。

価値語58

生長ではなく成長に

内面の成長を促しましょう。

内面の成長を大切にする価値語です。この場合の「生長」は、自然に大きくなるという意味です。また「成長」は、内面が努力して大きくなるという意味をもたせています。

体は大きくなっても、内面の成長は、心が伴っていてこそ、本物だと言えるのです。

専科の時間に、はめを外し過ぎた子どもがいました。事態を重くみた子どもたちが、このままではいけないと、自主的に集まり自制する言葉を書き連ねていきました。

自分たちで自分たちの行動にブレーキをかける、そして次へと向かう「未来志向の考え」に、内面の成長を感じました。自分たちでつくった言葉には重みがあります。誇りがあります。子どもたちが主役の言葉だからです。結局このことがきっかけとなり、写真のように学級憲法が50条までできました。子どもたちのこの一連の動きをたくさんほめました。

自分たちで自分たちの行動を自制できることは、大人でも難しいことだからです。

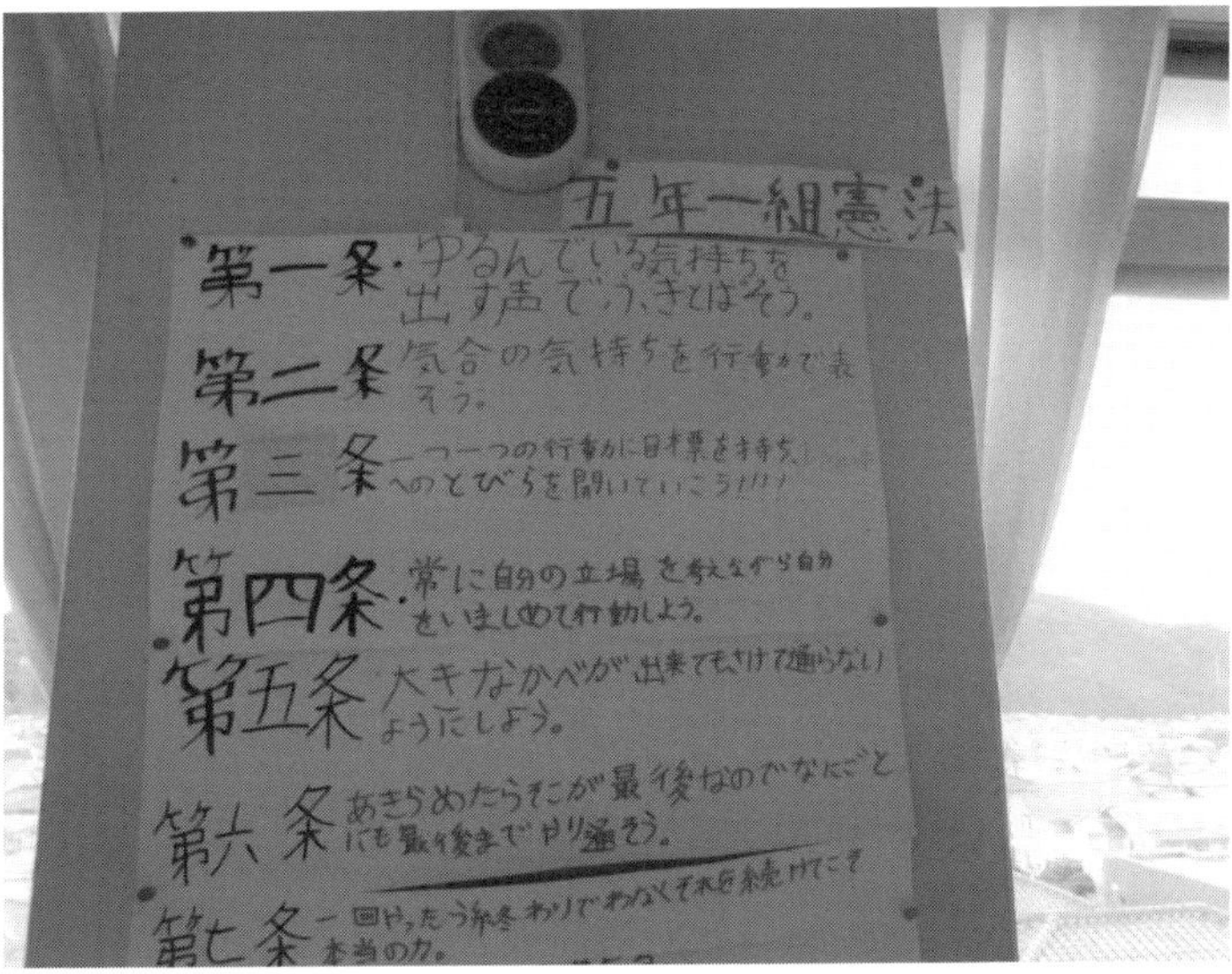

子ども時代には、適切な睡眠・運動・栄養により、身体を健康に発達（＝生長）させることも、きわめて重要です。毎年、子どもたちが目に見えて、大きく、たくましくなっていくのは、うれしく頼もしく感じます。

他方、「内面の成長」は目に見えないだけに、より繊細できめ細かい観察によって、把握する必要があります。

この例では、「与えられた規範を守る」レベルから「自分たちの規範をつくる」レベルへと、自主性の発達段階が一段、アップしたことが見てとれます。指導者は、こうした枠組みを認識して、的確な支援を行いたいものです。

価値語 59

全員主役の人生劇場

全員が主役の人生を大切にしましょう。

誰もがその人生の主役です。脇役なんていないのです。

私のクラスでは、お互いを認め合う取り組みをしています。いちばんの柱は「ほめ言葉のシャワー」です。写真はそんな感動の一場面です。「○○くんは、『レインボーメーカー』のような人です。レインボーメーカーは虹をかける幸せを運ぶ人という意味です。ぼくが足をけがしたときにぼくの荷物をすべて持って家まで一緒に帰ってくれました。足は痛かったけど心には虹がかかっていました」。その言葉の後に、ほめ言葉を言った子と言われた子が感極まって抱き合う姿です。一人ひとりの人生劇場が繰り広げられる毎日。集団生活の中では、我慢することもあるでしょう。しかし、そんな中で自分が秘めている思いや感情を交流し合ったときに人は心を動かされます。

「全員主役の人生劇場」の荒波を超えていくためには、「気持ちを分かってくれる」「一緒に感情をぶつけあえる」存在が大切です。

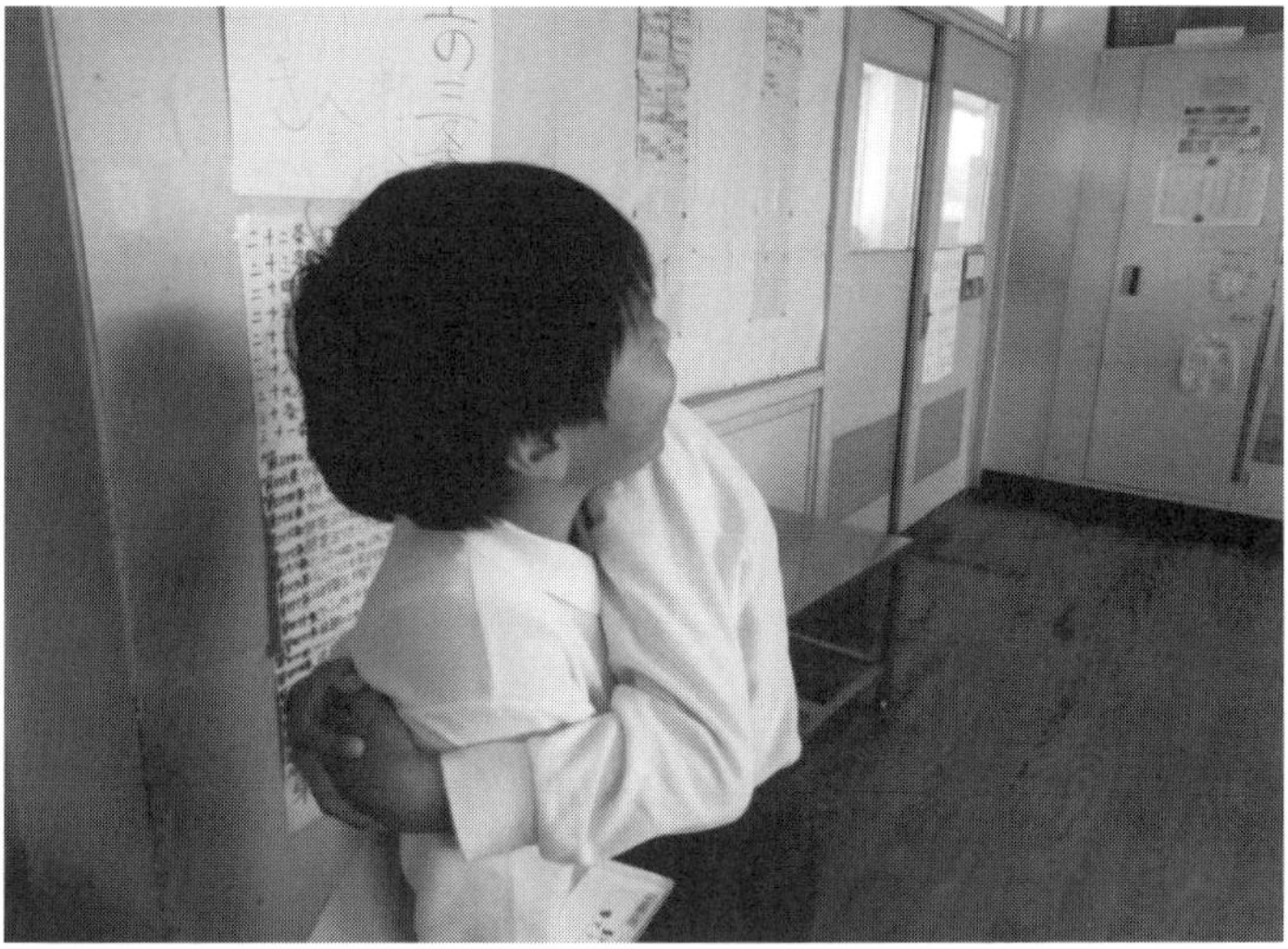

「ほめ言葉のシャワー」では、毎日、ほめ言葉を受け取る「主役」が交代します。つまり、教室の中の主役は「日替わり」なのですが、「実は一人ひとりの子どもは、それぞれの人生の主役であり、学級は全員、主役によって成立しているのだ」という視点を忘れてはいけません。

大人から見ると、ともすれば大人の尺度で、「優等生」「リーダー」「エース」「問題児」などと、レッテルを貼ってしまう場合があります。これが、思考を整理するために役立つ場合もあるのですが、向ける注目の量に濃淡をもたらす原因にもなりえます。一人ひとりの人生の一日を丁寧に支援したいものです。

価値語 60

そのままの自分がいい

そのままの自分がいちばんいいのです。
そのままの自分を磨いていきましょう。

「本当はできるんだけど、今日はお腹が痛くてできなかった」

体育の時間の出来事です。本当はできるのだけど、今日はちょっとということが続いた子どもがいました。

「本当は跳び箱、少し苦手なんです」

と言えたら、いいのになあと思いました。

真っ直ぐに、そのままの自分を出して、できないことは、一生懸命に練習したらもっともっと伸びることができるのです。

このように少しねじれたものの言い方をする子どもには、

「そのままでいいんだよ。できないことはできないって言っていいんだよ」

と、伝えます。そのようなことを繰り返すうちに、自分のそのままを出せるようになってきます。ああ、良かったなと思うのです。

失敗したら叱られる。間違えたら笑われる。それが自分なのだから、失敗して、間違えて成長したらいいと思います。大人であっても同じことが言えるのではないでしょうか。

「等身大の自分よりも大きく見せたい」「素の自分よりも美しく飾りたい」と思う気持ちは、大人にも子どもにもあります。「ありのままの自分」を受け容れるのは、人生修行の大きな課題かも知れません。

逆に「今のままの自分に甘んじて良い」ということでもありません。意識が守りに入ると、現状維持もままならず、衰退の道をたどるものです。伸び盛りの子どもがそれでいい訳がありません。

望ましいのは、「自分のありのままの姿」を受けとめて、自分の可能性（＝玄徳）を発揮させるべく、さらに上を目指して、自分を磨き、精進する姿勢ではないでしょうか？

価値語 61

存在感は自分で作るもの

自分のよさを知り、集団の中でしっかりと存在を発揮しましょう。

「私、存在感が薄いから」

ある子どものつぶやきに対して、

「存在感は自分で作るものよ」

このように返した子どもがいました。一見、二人ともどちらかというと控えめなタイプの子どもでした。大きく違ったのは、自分に対する信頼感であったように思います。

価値語を言った子は普段、発言は少ないけれど、文章で自分の思いを表現することができていた子どもでした。成長ノートの取り組みでは、自分の成長についてじっくりと考えることができていました。丁寧な積み重ねがその子どもの土台を作り、このような言葉につながったのだと思いました。

ついつい、人は周囲の人と自分を比べてしまいがちです。比較して落ち込むのではなく、周りの人のよさを認め、自分に取り入れていくような前向きな心をもちたいものです。同時に、自分のもち味や強みをみつけましょう。自分のよさを知り、そのよさを大切にすることで、自分の土台を築きましょう。

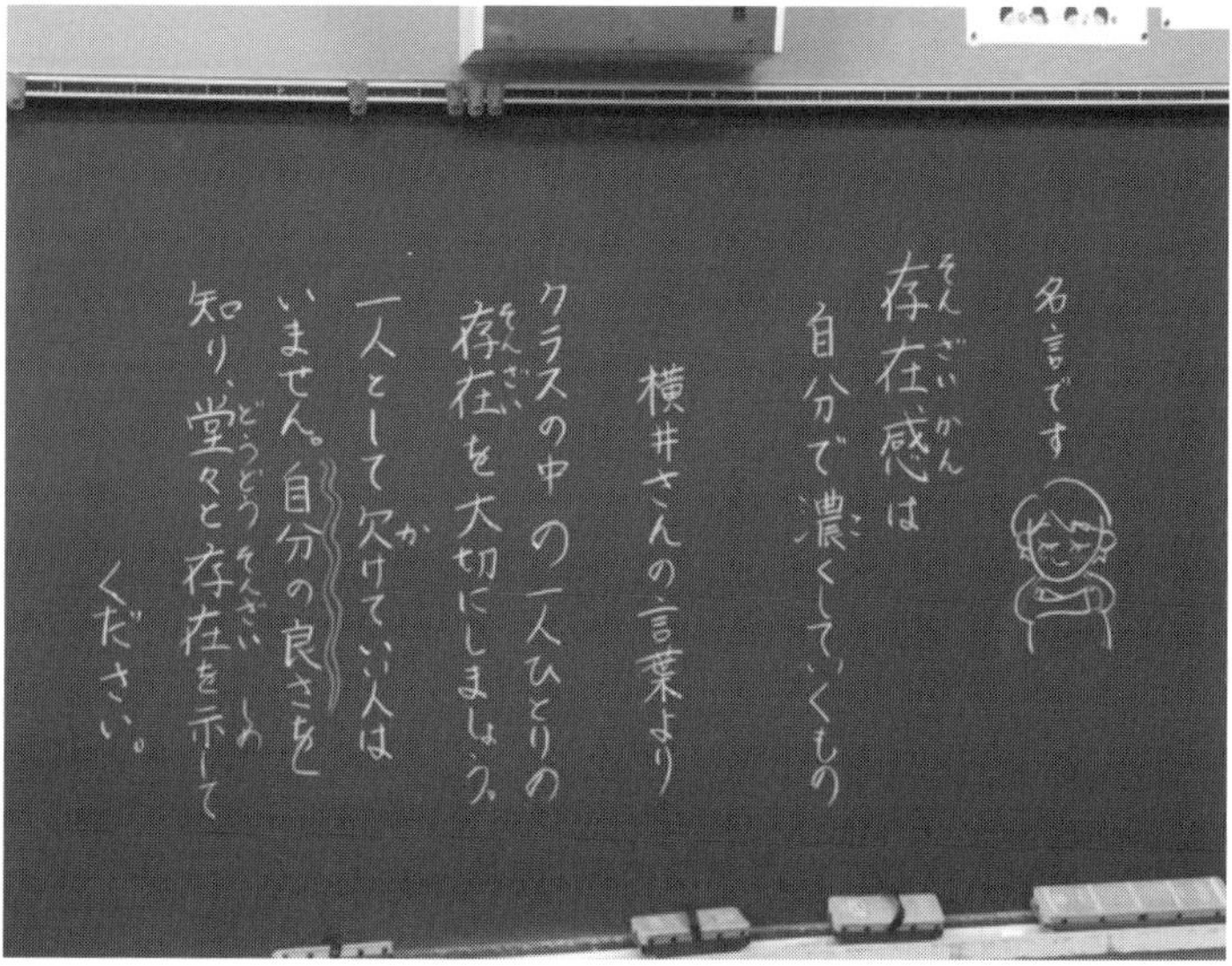
名言です
存在感は
自分で濃くしていくもの
横井さんの言葉より
クラスの中の一人ひとりの
存在を大切にしましょう。
一人として欠けていい人は
いません。自分の良さを
知り、堂々と存在を示して
ください。

この一言の深さ、秀逸さに舌を巻きます。

この価値語を生みだした子は、おそらく自分自身が葛藤を体験してきたはず。一人でじっくり思考し、表現するのは得意でも、集団の中で目立った発現をするのはやや苦手、というタイプの子どもをよく見かけます。

絶妙のタイミングでこの言葉が出た背景には、その子自身が、「自分自身の存在感を作る」という目に見えないチャレンジと努力があったのではないでしょうか？

インド出身の哲学者クリシュナムルティは「比較は暴力」と語っています。他者の人生や人格・能力はコントロールできません。自分の過去との比較の中で、成長を実感できたとき、自らの存在感が深まるのです。

価値語62

束になって伸びる

一人ではなく、周囲の人と共に成長していきましょう。

新学期、まだ子どもたちは横のつながりが希薄です。子どもたち同士の関係をつくっていくためには、教師からの働きかけが大切です。

写真は学級開きの日の様子です。一年間、この仲間と共に頑張っていこうと手と手を組んで出発しました。そして、この価値語を漢字で説明をしました。集団として行動するためには、速い行動が必要になります。「はやい」を漢字で書くと「早い」と「速い」の二通りがあります。後者には「束」という漢字が入っており、「束ねる」という言葉から、みんなで心を合わせて行動するにはこちらの「速い」がふさわしいのだと理解させました。

「なるほど！」

そんな声が聞こえてきました。

「クラス全体で成長しよう」という意識が確立すると、集団としての成長も、個人の成長も大きく変わってきます。

「束ねる」というイメージを教師と子どもとで共有することが大切です。

毛利元就の教えと伝えられる逸話にも、イソップの寓話にも、「一本の矢は折れるが、三本の矢は折れない」という話が出てきます。

束になることによって、強さ・丈夫さが増すだけではありません。人にはそれぞれ異なる強み・長所があり、それらが適材適所で組み合わさることにより、相乗効果が生まれるのです。

eラーニングは基本的に個人で知識を修得する仕組みですが、学級での学習は、お互いに「学び合い」を加速することにより、多様性に対する許容性を高め、複眼的な思考を育み、一人では学べなかった広く・深い気づきをもたらすことが可能になるのです。

価値語63

超一流になろう

自律・自立の道を歩もう。

一流ではなく「超一流になろう」、この言葉にはプライドを感じます。一流は当たり前。それ以上の道を歩むのが超一流です。そこには他律・依存ではなく自律・自立の心を感じます。

写真は、給食準備中のものです。ごはん係さんが最後の一粒まで残さず箸で取り、お茶碗によそっているものです。一粒一粒を大切に思えばこその自律的・自立的な行動です。周りから覗きこむ子どもたちも、同じ思いでいることが伝わります。

教師が指示したのではなく、自分たちで判断しての行動です。

これは日常生活の中でのささいな場面かもしれません。しかしそこには、社会に出たときの大切な価値基準を含んでいると思います。「小さな命に心を寄せること」「細部にまで心を寄せる」「易きに流されない」「人任せにしない」などです。

日常生活の中で身に付けた一つ一つが、「超一流の道」を力強く歩む力となります。

たとえば、レストランでもホテルでも、一流のサービスは、客に「満足」を与えます。これも十分立派なことですが、超一流のサービスは「感動」をもたらします。

「満足」は期待された水準を満たしていること。常識的な期待水準をはるかに超えたときに「感動」が生まれます。教師が手取り足取り指導すれば、100点満点の答案や活動が実現するでしょう。それも尊いことです。

しかし、子どもたち自らの創意工夫が発揮されたときに、教師の想像を超えた素晴らしい世界が広がります。給食でも、掃除でも、日直でも、当番活動の中に、人間的に成長するチャンスがたくさん含まれているのです。

価値語64

沈黙の美しさ

目に見える部分だけではなく静かな中にも白熱がある、そのような時間を大切にしましょう。

静と動の静の側面も大切にすることを子どもたちに伝えることがポイントです。

活発に話し合い活動が行われている教室の中では、積極的に意見を言う子どもが評価されがちです。しかし、静かに、友達の意見を聞きながら思考し続けている子どももいるのです。写真の子どもは、話し手の子どもにじっと耳を傾けています。傾聴しつつ、考え続けています。これもまた評価されるべき、子どもたちの姿です。

また、話している子どもが途中で、話の内容に行き詰まってしまうような場面があります。必死で思考し続ける子どもを静かに待つような学級に育てたいものです。攻めるのではなく、みんなで待つ。これも「沈黙の美しさ」です。

ただ、無意味に時間が過ぎるという沈黙とは違い、静かに思考を深めている場面では、その沈黙を大切にしようとする心を育てたいものです。

テレビの「討論番組」では、相手の話をほとんど聴かずに自分の意見だけを述べ、「売り言葉に買い言葉」で表面的な「闘論」に終わることがままあります。

「雄弁は銀、沈黙は金」と言われますが、相手の話にしっかり耳を傾け、深く思索することは、古来、美徳とされてきました。

話をするときには、自分のリズムで滔々と語ることができますが、マイペースで聴くことはできません。沈黙を守る姿勢は、相手に対する受容度を高めることでもあるのです。

子どもが黙って考えているのか、それともぼーっとしているのかは、よく観察すれば見えてくるものですが、迷ったときにはタイミングを見計らって質問すれば良いですね。

価値語65

2・6・2の上の2になろう

全体のことを考え、集団を引き上げることのできる人になりましょう。

ある集団を見たとき、一般的には、全体の6割が標準的な働きをし、2割の人が標準以上の力をもち、残りの2割の人が自分の力を発揮できていないという割合になるのだそうです。菊池学級では、上の2割の子どもたちを目指すことで、全体を引き上げ、まだ力を発揮できていない子どもたちの力をも上げていくという意識を子どもたちがもっていることに驚きます。

「一人も見捨てない」という価値語は、これを象徴しているように思います。なぜ、このような価値語を考えたのか菊池学級の女の子に聞きました。

「自分だけが成長するのではだめなんです。だから、私たちだけではなくて、みんながそういう気持ちで、声をかけて欲しいって思ったんです」

と話してくれました。

クラスの中の友達に対しての無関心を許さない。そういう気迫を感じました。まさに集団を引き上げる人の意識だと思います。

一人も見捨てない
6年1組
助けに行く
仲のいい友達じゃない
ふだん接さない人が少し気付いてあげる
リーダーシップを取るような行動をする。
誰かそれをする
SAが…
逆に相手はどう考える
「教えて」と空気をよんで言う。
馬鹿三拍子
NO!
相手の空気をよめる人へ
読む
・何も行動しないのはダメ！
・SAとは自分も周りも
+にさせる行動のできる人。
・何のためにするのかを考える。
・一生懸命悩む。
(最初から人を頼らないの)
相手・周りを読める人
こそが本当のSA

これまでの学校は、「個人主義に基づく競争原理」が支配的でした。試験で良い点数をとれば、その子はえらい。点数が低ければ、その子は努力不足とレッテルを貼られます。そんな学級の人間関係がぎくしゃくするのは当然です。

「頑張って良い成績をとるのは、自分のためだけではなく、クラスのみんなのためだから」と思えたら、状況は大きく変わります。

菊池学級のリーダーは、上から目線で他を見下ろす存在ではなく、みんなの成長のために、自分の役割を考えられる存在。一人ひとりが、クラス全体を大切に思って、仲間と協力し、みんなが成長を実感できると、喜びも充実感も何倍にもなります。

価値語66

白熱せよ

感情的にならず、人と論を区別する活発な話し合いが人の成長につながります。

人と論を区別しながら話し合いを重ねていくと、次第に相手の考えを尊重するようになります。

写真は、国語科の授業で宮沢賢治の「やまなし」について議論しているときのものです。一人ひとりが意見をもち、自信をもって友達と意見交流をしています。

討論やディベートなどの話し合いでは、「自分の考えを伝える」「相手の考えを受け入れながら聞く」「多面的に物事を考える」「他の人と違う視点から意見を言う」などの力が付いていきます。

このような力は、ますますグローバル化の進む社会では必要とされます。

何度も真剣な話し合いを行うことで、相手の考えを認められるようになります。真剣に取り組むからこそ、話し合いにも深みが増し、一人ひとりの成長にもつながるのです。

コミュニケーション力が必要だとされる今日だからこそ，白熱した真剣な話し合いが将来に役立ちます。

若者の間では、ともすれば、常に冷めていて、冷静でクールな態度がかっこいいともてはやされることがあります。しかし、スポーツはもちろん、議論でも、作業でも、真剣に集中して臨む姿勢は、人の心を打ちます。

ただし、加熱しすぎて、時間感覚を失ったり、持論に固執したり、相手の人格を否定したりしてしまっては困ります。自分の意見をしっかりと主張しつつ、相手の考えにも耳を傾けるのが、望ましい対話のあり方ですね。

一言で言えば「クールヘッド&ウォームハート」、つまり理性的な頭と温かい心の組合せがいちばん。逆に「ホットヘッド&コールドハード」（心が冷たくて、頭がかっかした状態）は避けたいものです。

価値語67

場の拡大

身に付けた価値を広げていきましょう。

言葉や人間関係を大切にした指導を積み重ねていくと、次第にクラスで身に付けた「価値」を自ら広げていくようになります。

写真は、他学年の傘立ての傘がきちんとたたまれていないことに気付いた子どもが、「傘のたたみ方」のポスターを作り、貼っているところです。この行いを取り上げたことで、クラスの中で身に付けた価値を、クラスの外に広げる意識をもつようになりました

その後、廊下や階段を走る子どもたちを少しでも減らそうとする動きが出てきました。ポスターを作ったり、「歩くの大好き週間」を考えたりするなど、主体性をもって子どもたち自身が考えるようになったのです。

「場の拡大」は、「価値の継承」にもつながります。「場の拡大」をすることで、他学年の子どもたちがまねをするようになりました。このように、子どもたち同士での「学校文化」をつくっていく動きも大切にしたいものです。

そしてそれらは、社会生活の中でも、ぶれることない芯の太い文化を作っていきます。

学習するのは個人ばかりではありません。集団も組織も学習するし、学校も社会も学習し進歩・成長していく存在です。その一つの柱が「ベストプラクティスの共有」。何か良い実践があれば、それを多くの人が採用することで、全体の向上につながるのです。

ここでは、「傘のたたみ方」「廊下のマナー」がとりあげられていますが、クラスの中で高い価値をもった行動が、「ほめ言葉のシャワー」により学級内に広まることは多くの学校で観察されています。

さらにクラスの枠を越えて、学校全体・地域へと展開するため、ポスター制作や発表会の開催など、学びの場を広げていきましょう。

価値語68

範を示す

行動でお手本を示しましょう。

「背中で教える」のことわざのとおり、人は、口で言われるよりも、その人の行動から、大きな影響を受けるものです。

写真は、給食準備中に、6年生が、階段に落ちていたスープのしずくを拭いているものです。自分たちがこぼしたものではありません。拭いている6年生は何も言わず、まるで当たり前のことをしているように、黙々と拭いています。

そんな姿を見た低学年の子どもたちは、ティッシュペーパーを取りに行き、一緒に拭き始めました。周りで見ていた子どもたちも、心に何かを感じたのでしょう。立ち止まって様子を見ている人もいました。

その後も少しずつ高学年を中心に「範を示す」行動が増えていきました。すると次第に下の学年の子どもたちも、高学年と同じような行動をとるようになってきました。

大人社会でも、あれこれ口で言われるよりも、率先して「範を示す」ことの方が人の心に染み入ることが多い気がします。

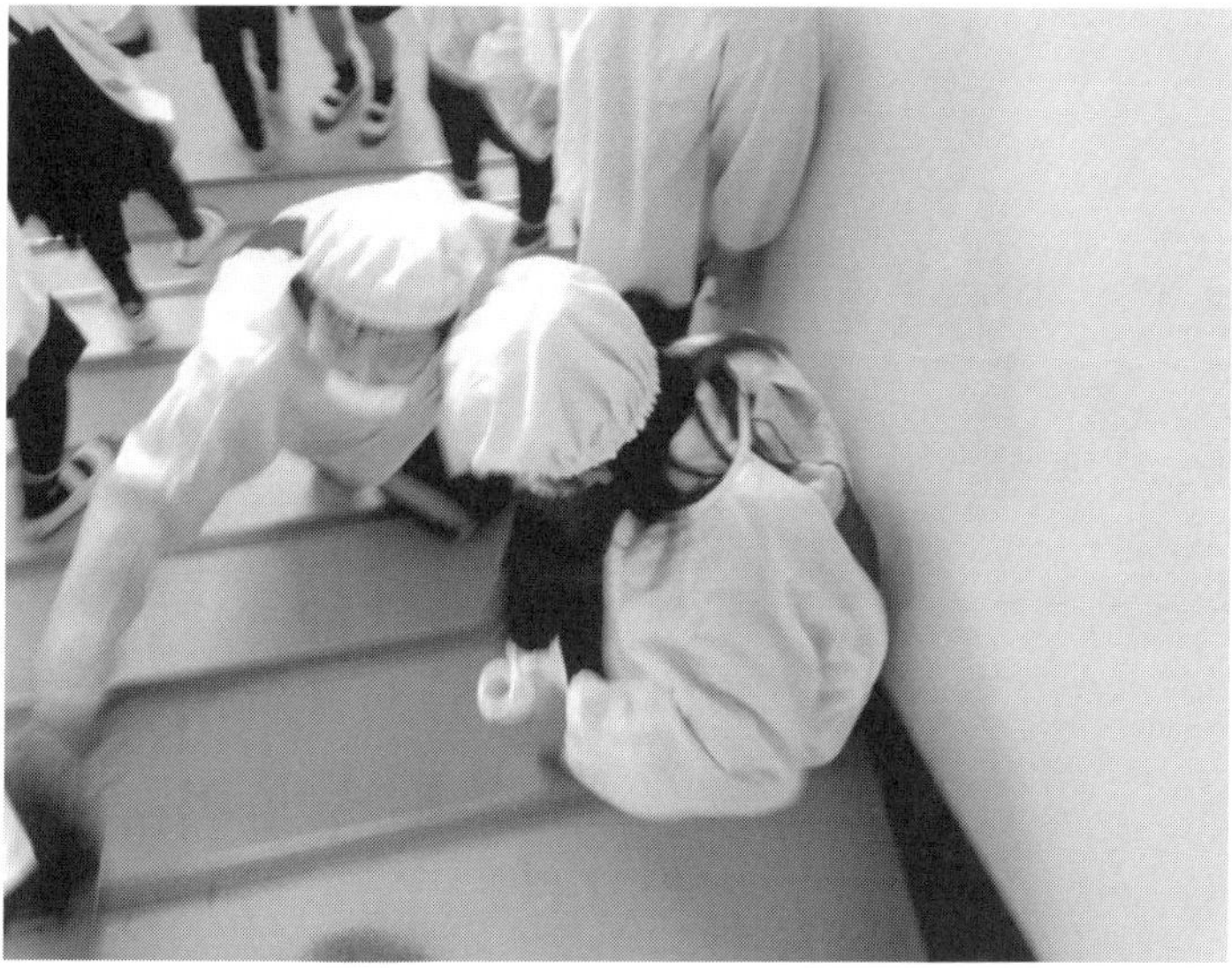

「やってみせ　いってきかせて　させてみて　ほめてやらねば　人は動かじ」（山本五十六）という短歌にあるように、人は言葉で命じられただけでは、行動の改善ができません。

まず「やってみせる」こと（＝率先垂範）が第一歩。そこから「学ぶ＝真似ぶ＝真似をする」という行動変容が実現します。

その理由は、文字よりも、動画の方が、桁違いに情報量が多いので、人間の脳に与える**影響**が大きいからだと考えられます。

親や教師の最大の役割は「よき学習者としてのお手本を示すこと」ではないでしょうか？　子どもに「勉強しろ」という前に、まず自ら勉強し続けることが大切。逆に、言行不一致は、信頼を損ない、逆効果です。

価値語69 一人が美しい

自分の考えをもち、一人でも芯をもって行動できる。このような姿は人の目に美しく印象づけられます。

公の場では「集団」の一員として、責任ある行動が求められます。集団の一人ひとりを見たとき、その集団の持つ力というものが分かるような気がします。

写真は、運動会の練習のときのものです。長い練習のあとでの休憩の様子です。この子どもは、まだ誰一人戻ってきていない運動場にいち早く戻り、次の練習が始まるのを待っているのです。これは、この子どもの練習に向かう心の表れだと思います。また、自分の意志をもち、自分ひとりでも行動に移せる力をもっています。この子どもの姿を見て、他の子どもたちも急いで自分の場所に戻っていました。

一人ひとりにこのような、自分で考え行うという態度があれば、その集団の力は磨かれていきます。反対に易きに流れる、そのような集団には自主性は育っていかないでしょう。「一人が美しい」――集団を育てる大きなキーワードです。

「一人」は孤独ではなく、孤高ではなく、仲間とともにいて「最初の一人」として行動する勇気を表します。長いものに巻かれるのではなく、大勢に流されるのではなく、佇立する一本杉のようにすっと立つ。自立した存在になると決めた人は、凛として美しい。

「自立的人材の育成」を目標に掲げる学校や組織は数多くありますが、リーダーが、その目標を本当に自分で選んでいるのか自問する必要があります。自分自身が「千万人と雖も」進む覚悟をもっているときに、フォロワーに範を示し、感化することができるのです。

価値語70

一人の百歩よりみんなの一歩

みんなが成長してこそ本物の集団の成長です。

一人が百歩先を歩むより、その集団全員の一歩の方が重みがあります。

ある子どもが、朝の会で「宿題忘れが増えてきていること」について問題提起しました。急きょ話し合いが始まりました。

写真は、そのときの様子です。

「宿題忘れをするのは、宿題についての本当の意味が分かっていないから」や「持ってくるのを忘れること自体、自己管理ができていない」など厳しい意見も出ました。忘れ物ゼロ名人からの意見も出ました。

これらはすべて「自分さえ忘れ物がなければよい」という考えではなく、「全員で成長してこそ本物のクラスの成長」という意識からの発言でした。

一人が先を歩むことは簡単なことかもしれません。しかし、集団の成長を考えたときには、「一人も見捨てない」の気概をもち、全員の一歩の方を大切にしていきたいものです。

みんなで進んでこそ集団は大きく成長するのではないでしょうか。

友達に勝ちたいという「負けじ魂」は、モティベーションを高める効果があり、ある意味、自然な欲求ですが、競争原理が暴走すると、学級内の雰囲気をとげとげしいものにします。逆に、みんな表面的には仲良しだけど、競争がなさすぎて、向上心や活力に乏しいクラスもあるでしょう。

クラスの中で「競争原理」と「協力原理」のバランスをとっていくことが学級経営の大切な指針となります。

そして良い結果を残した子どもが「上から目線で優越感にひたって終わる」のではなく、常にクラス全体のことを見て、全員の成長に貢献する方法を考えられるように指導したいものです。

価値語 71

一人も見捨てない

人のことも自分のこととして考え、共に成長に向かいましょう。

小学校では、担任ではなく、専門の先生に指導していただく専科という時間があります。この専科の時間に授業に集中できなかった子どもがいました。このことに対して、クラス全体で話し合いをもつことになりました。

もっと頑張って欲しい、頑張るべきだという意見が続く中、ひとりの男の子の発言にはっとしました。

「○○君には頑張って欲しいです。僕も一緒に頑張っていきます」

君は一人ではない、一緒に頑張ろうと呼びかけたのです。この言葉でどれだけ、この子が救われただろうかと思います。一人の子どもの失敗を自分のこととして受け止めているあたたかい発言でした。

いじめは、いじめる子と無関心な周りの子どもたちによって起こります。教室の大半を占める、無関心な子どもたちの責任も大きいのです。子どもたちの意識が変われば、教室は変わります。「一人も見捨てない」――すべての子どもたちに伝えたい価値語です。

「見捨てる」というのは、言い換えれば「あいつは成長しなくて良いと決めつける」「仲間はずれにする」ということです。集団の中には、必ず「共通点」と「相違点」がありま す。地球上に二人と同じ人物は存在しません。

他方、どんなにかけ離れた境遇の二人の間にも共通している部分があります。みんな学習途上にある人間だし、クラスの中では、共通の思い出を積み重ねてきているはずです。「見捨てない」というのは、こうした共通点に立脚して、仲間としてのつながりを確認し、Let's（一緒に）行動していくこと、成長していくことです。何らかの違いに基づいて、一人を差別することは、自分自身の人間性をも否定することなのです。

価値語72

待たせるより待てる人に

「待たせる人」と「待てる人」では、人としての器が違います。

学校生活の中では、「個」ではなく「集団」の中のひとりとして行動することが求められます。整列や始業のあいさつ、給食の準備などの場面です。

そのような場面で、いつも周囲を待たせてしまう子どもは、自己中心的で周りが見えていない子どもたちです。反対に、そのような子どもたちを静かに待っている子どもたちがいます。この子どもたちは、自分ではなく全体に合わせることの大切さを知っています。公にふさわしい行動ができているのです。

子どもたちに「待てる人」と「待たせる人」との違いについて、どちらが人間としての力があるのか考えさせます。実際に整列している写真を見せると効果があります。

「待たせる」から「待てる」への変化には、「相手軸」の成長が欠かせません。人を待たせてはいけないと思い行動できるのは、待つことの大変さを理解しているからこそです。

自分のことよりも先に、相手のことを考えて行動することを心がけてみましょう。

遅刻の常習犯は、他の人の尊い人生の時間、さらに言えば「貴重な生命の一部」を奪う「時間泥棒」のそしりを免れません。ですから、人を待たせないこと、約束の時間を守ることは、公のルールの中でとても大切です。

他方、「待てない人」は、心の余裕を失っている人。「忙」という漢字は「心を亡くす」と書きますが、「忙しさ」とは客観的事実ではなく、主観的な状況認識なのです。膨大な仕事をこなしつつ、余裕綽々でいられる人は、心にゆとりのある「器の大きな人」です。

「待てる人」は、他者の様々な事情に想像力をはたらかせることができ、寛大であり、また、多少の遅れなら自分の努力で挽回できることを知っています。そうありたいものです。

価値語73 学び合いは寄り添い合うこと

共に学ぶ仲間を大切にしましょう。人と関わり合いながら、自分も成長していきましょう

「ほめ言葉のシャワー」など、お互いを認め合うような取り組みを続けていくと、温かい学び合いができる子どもたちが育ってきます。

写真は、ある子どもの発表の様子です。二人は、ごく自然に寄り添い合うようにして発表しています。一人では発表が難しいので、一緒に声を出しています。周りの子どもたちも自然に受け入れて、特別のことだと全く気にはしていません。この子たちは、気付くといつもこのような姿を見せていました。そして、支えている子の成長ノートには、

「○○さんは、今日初めて自分で全部考えた文章を発表しました。次は○○さんが自分ひとりで発表できるとよいと思います」

と書いてありました。

ずっと、友達を支えてきたからこその言葉です。友達の成長を喜び、次の目標までも考えています。二人の関係がお互いを大きく成長させていることに感動しています。

「寄り添い合う」とは、単に空間的に一緒にいることとは違います。そこに、心と心の通い合うコミュニケーションがあり、共感に基づく信頼関係と共通点に基づく仲間意識が存在することが必要です。

「寄り添い合う」とは「もたれ合い」とも違います。もたれ合いは、自立していない状態。仲間がいなければ倒れてしまいます。「寄り添い合う」とは、一人ひとりが自分の足でしっかり立ち、その上で、仲間と心と力を合わせることにより、さらに、強く、聡明になることなのです。

友達の成長を、自分のこととして感じられ、喜びが湧き上がってくるときに、「学び合い」の真価が生まれます。

価値語 74

群れではなく集団へ

公の場では、集団の一人として、人と群れることなく、自分で考えて行動していきましょう。

学級の中では、子どもたち一人ひとりが安心感を得ていなければ個としての自分で存在することはできません。

安心感がない教室では、近くの友達に寄りかかって一人で立つことができない子どもや、弱い者同士で集まるような子どもの姿が見られます。また周囲と違うものは排除していくという、成長に対してマイナス面の多い集団になります。

「自分で考え行動する」このような子どもの行動を大きく価値付けていくことが大切です。例えば、自分一人でも手を挙げて意見を言う。一人でも片付けを黙々と行うなどがそうです。

「集団」＝目的を持った団体
「群れ」＝家族
「集団」＝学ぶとき
「群れ」＝遊ぶとき

などと対比させ、あるべき姿を考えさせることも効果があります。

動物の群れでは、ボスの命令が絶対です。ライオンでもニホンザルでも、通常、いちばん強いオスがボスになり、他の個体は自分ではほとんど考えることなく、本能の赴くままふるまいボスの命令に服従します。種を維持していくために合理的な行動パターンなのです。

人間の集団では、一人ひとりのメンバーが社会的な存在です。誰もが、自分の価値基準をもち、教師やリーダーの言葉も、自分の頭と心で受けとめて、咀嚼し、消化します。「命令されたから行動する」のではなく「納得したから行動する」ことで、責任が生まれます。

小学校の学級は、子どもが成長の過程で遭遇する最初の「社会」。自分の立ち位置を理解し、公の立場で生きる練習の場です。

価値語75

ゆずれない道がある

それぞれの信念を大切に生きていきましょう。

人には「信念」というものがあります。どうしてもここ…というゆずれないところです。

誰かに何かしてもらったら「お礼を二度言う」とか「あいさつはこちらからする」などです。これらは、その人の育ってきた環境や関わってきて人の影響も大きいことでしょう。

写真は、ある控えめな子どもが、休み時間に友達の遊びの誘いよりも、ペンセットを整えることを優先させているときのものです。この子どもは、クラスの中でも、地道に気付いたことをこつこつと行い、集団を力強く支えるタイプの人です。

一見控えめな人の中には、さりげなく自分の「信念」をしっかりともって「ゆずれない道」を邁進して行く人がいます。

派手な行動をとる人には誰しも目が行きがちです。しかし目立たないさりげない控えめな行動を取る人にこそ、心を寄せていきたいものです。

そこには、その人の静かだけど熱く譲れない「信念」があります。

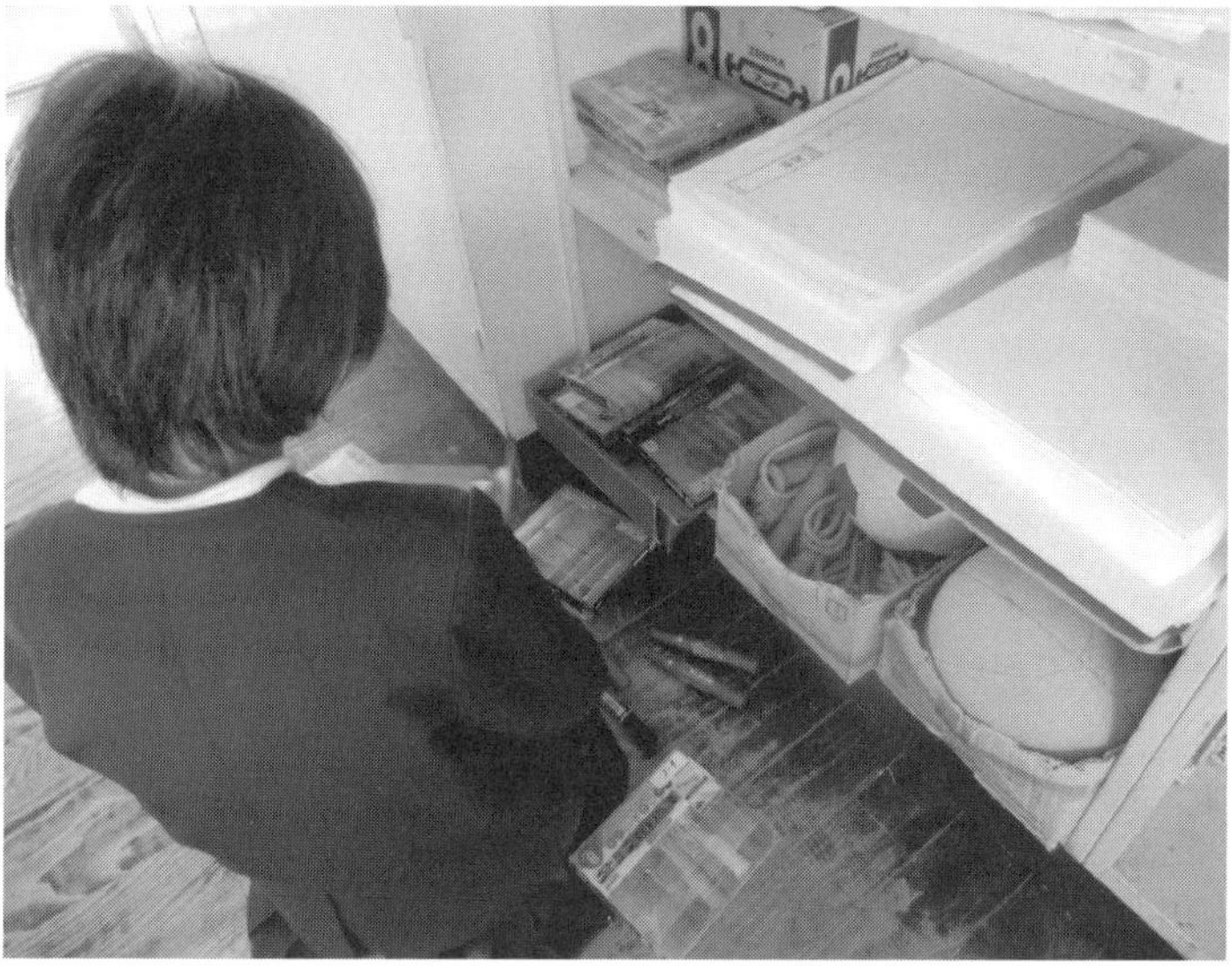

「価値語」の「価値」は、実は人によって様々です。一人ひとりの頭の中で、何を大切にするか、何を優先するかを判断する基準は異なるのです。だから、ときとして摩擦が生じる訳ですが、それが社会で生きる醍醐味とも言えます。

確固たる自分の考えがなく、ものごとを正しく判断する力をもたずに、他人の意見にすぐ賛成してしまうことを「付和雷同」と言います。他方、自分の考えに固執して、他の人の意見に全く耳を貸さないことを「頑迷」と呼びます。

ゆずることのできない生き方の「根本」に関わる信念はしっかりともち、「枝葉末節」にはこだわらないことが大切です。

価値語 Ⅳ

コミュニケーション

「コミュニケーション力」は集団の中での交流によって育つスキルです。その基盤となるのは、「自分を表現すること」と「相手の話を聴く」ことです。

「コミュニケーション力」を高めるためには、「内容」「声」「態度」「工夫」といった技術的なことも大切ですが、それ以上に大切なのが、「相手への思いやり」です。

いくら内容がよくても、どれだけ表現を工夫していても、相手へのリスペクトがなければ思いは伝わりません。

左の図は、コミュニケーションにおける「思いやり」の大切さを式に表したものです。内容が良くても思いやりが0だと、力は0になってしまいます。

「コミュニケーション力」が高まってくると、集団の中における「自信」や「安心」が芽生え、人としてさらなる成長が期待できるのです。

コミュニケーション力
＝（内容＋声＋態度＋工夫）
×思いやり

価値語76

アクセルとブレーキを使い分ける

アクセルを踏んで進むばかりでなく、時にはブレーキをかけましょう。

集団が成長していっているときは、まるで坂道をアクセル全開で進んでいるように感じます。しかしいつも順調ではなく、集団の中では、不意にいろいろなことが起こります。

写真は、給食後に箸がきちんと片付けられていなかったときのものです。片付けをしようとした別の子どもが気付きます。このような事実に危機感をもったのでしょう。カメラで写真を撮ると、テレビに映し、「みなさん、ぼくたちは、SAを目指しているのに、これでいいのでしょうか。これは完全に気の緩みの表れです」と問いかけます。「誰がしたかは追究しません。今日はぼくが片付けます。ですが、明日からは、自分自身でブレーキをかけてください」と畳みかけました。この子どもの投げかけを心からほめました。

人生はアクセル全開ばかりでは進めません。そんなときにこそ、心の中で「ブレーキ・ブレーキ」と呼びかける心の声があれば、大きく道を外すことはないように思います。そんな集団を育てたいものです。

クルマの運転には、ハンドル、アクセル、ブレーキ、その他、様々なスイッチを使います。ドライバーは、道路の混雑や走行状況など、外的環境を一瞬のうちに判断し、必要な操作を行うのです。

どんなに高性能のエンジンを搭載していたとしても、制御装置がついていなければ、そのクルマは目的地にたどりつけません。速度を上げたり、下げたり、方向を変えたりすることが、目標に到達するために不可欠です。

子どもの行動でも、元気で前向きなエネルギーを放出するとともに（＝アクセル）、時には暴走しないようにブレーキをかけることが必要。そして、教師ではなく、子ども自身が運転席に座っていることが大切です。

価値語 77

頭の良さは耳の良さ

聴くことは、何よりも大切なことです。しっかりと聴いて考えられる人になりましょう。

近年、「何となく聴いている」「心が違う方に向いている」様な聴き方の子どもが増えているように感じています。ゲームやテレビと同じ感覚で、人の話を聴いている、そういったことも感じています。

子どもたちに書かせた成長ノートを読んでみると、普段あまり発言をすることはないけれど、こちらの意図をしっかりと理解して、自分の考えを書いている子どもに気付くことがあります。このような子は、たいてい体も心もしっかりと話し手を向いて真剣に聴いています。

「頭がいい」という言葉に子どもたちは敏感に反応します。「頭がいい」＝正しく聴く、そして海馬に記憶を残すことです。記憶に残して初めて、聴いたことから、考えを深めることができるのです。

聴くことが学習のいちばんの基本です。意識して聴くことで、自分の聴く力を育てていきましょう。

「聡明」の「聡」という漢字は「耳偏（みみへん）」におおやけの心」と書きます。自己中心的な人に、聴き上手はいません。相手の立場を尊重し、自分の感情をコントロールして、共感できることが、傾聴力のベースです。

そして、耳で聴くだけでなく、全身で聴くことが大切。身体を話し手の方に向け、視線をはずさない体勢でいると、真摯に聴いているという心構えも伝わってきます。そうすると話し手も、さらに心をこめて伝えようという気持ちになるもの。すると言外のニュアンスまで汲み取れるような深いコミュニケーションが成立していきます。

「目は口ほどに物を言い」と言いますが、実は「目は耳以上に物を聴き」なのです。

価値語 78

WIN-WIN-WINの関係

自分にとっても、相手にとっても最善の方法を尽くすことで、お互いのよりよい関係を築いていきましょう。

近江商人の心得として知られる、売り手よし、買い手よし、世間よしの「三方よし」という言葉ともつながる考えです。主にビジネスの世界で使われている言葉ですが、分かりやすく子どもたちの心に響く言葉として、価値語に加わりました。この価値語も、相手軸で考えることがポイントです。

話し合い活動では、自分の意見を分かりやすく相手に伝えることが基本です。一見、これができているように見える話し合いでも、実はお互いが自分の主張を繰り返しているような場合も多々あります。

相手に伝えるための、十分な準備。例えば、ノートに整理した自分の考え。ホワイトボードや黒板を使っての見える化。話す態度や声の大きさなどが大切です。一方、聞く側の姿勢や、聞いたことを記録するという態度も意見をつなげるためには、重要になります。

自分と相手にとっての良さは、結果としてクラス全体の成長につながっていきます。

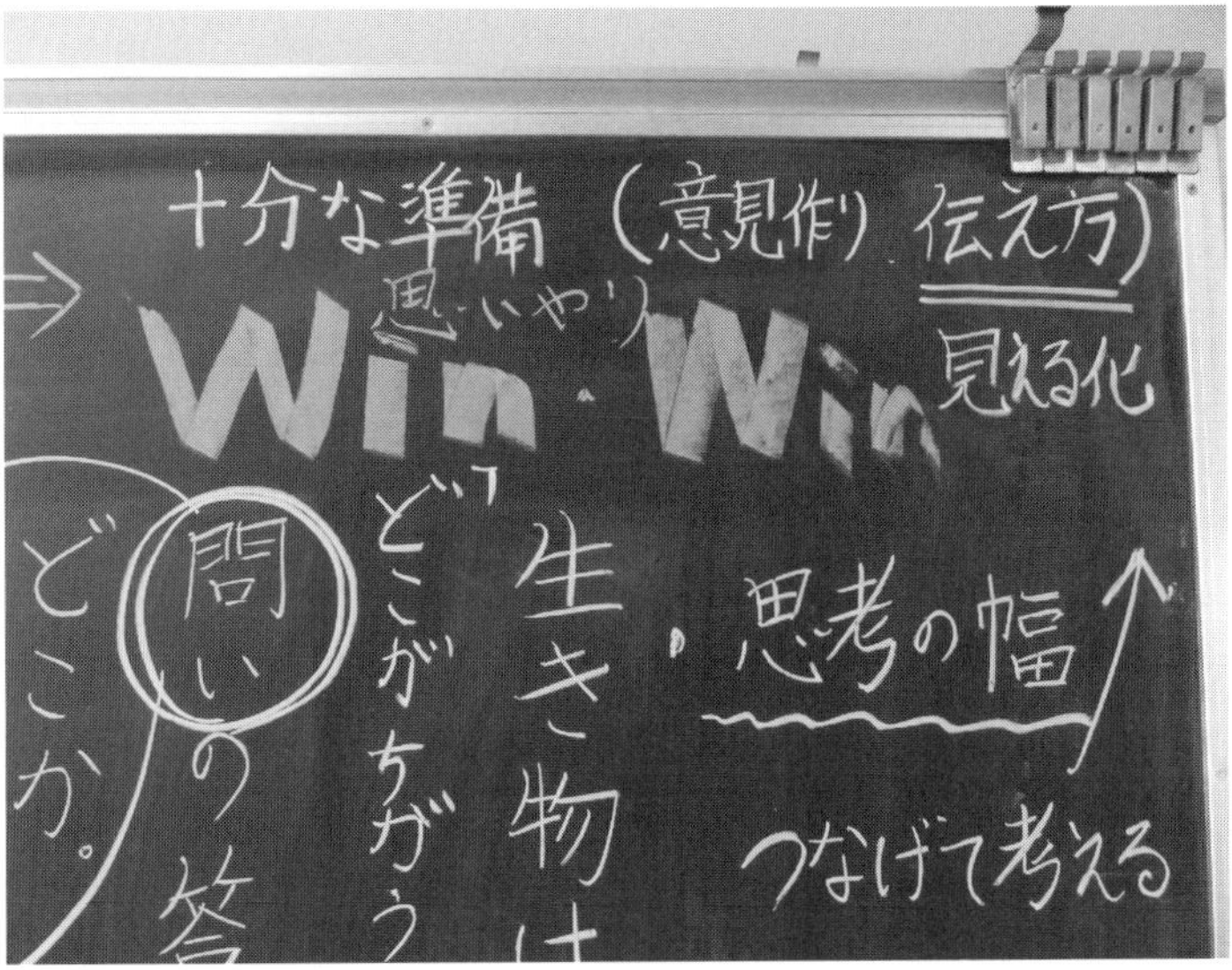

近江商人の経営理念として有名なのが「売り手よし 買い手よし 世間よし」のいわゆる「三方よし」の精神です。商品を買ってくださったお客様に喜んでいただくだけでなく、売った本人も適正利潤をあげることができ、社会全体に対して貢献ができてこそ、持続可能な良い商売であるという考え方です。

学校という公の場では、自分のわがままを通そうとする利己的な「自己中」も、被害者の立場をとり続けるのも困ります。相手（＝他の子ども）の立場を大切にする「他己中」の必要性はすでに強調しましたが、さらに、クラス全体、学校全体に対する影響も慮る視点が備わると、まさにWIN-WIN-WINの関係が生まれるでしょう。

価値語79 うれしさのトライアングル

うれしいこと、素敵だなと感じることは声に出して誰かに伝えてみましょう。

子どもたちの行動をよく観察し、認めることを繰り返していると、決まって子どもたちは、良いお知らせをしに来てくれるようになります。

「先生、掃除のときにね。○○くんが隅まで、一生懸命に拭いてたよ」

「○○さんが、下級生の食器を持ってあげていました」

「困ったことがあったと言ってくる人はいるけど、友達のよいところを言いにきてくれるなんて、あなたたちは本当に素敵だね」

と、必ず伝えるようにしています。頑張っている友達を見て素直にすごいと感じている様子が微笑ましいのと、先生に伝えようという気持ちがとてもうれしいなと思います。そして、○○さんから聞いたよと頑張っていた子に伝えます。直接に聞くより、第三者をとおして伝えた方が、より嬉しさが増すと聞いたことがあります。いいなと思う行動はどんどん口に出してみる。それだけで、あたたかい雰囲気が生まれてきます。

誰かから面と向かってほめてもらうのも、もちろんうれしいものですが、「○○さんがほめていましたよ」と間接的に伝えてもらうのもとてもうれしいものです。

一般に日本人は、照れ屋でほめるのが苦手な人が多いので、直接、伝えることに慣れていません。妙に緊張しすぎたり、歯が浮くような感じがするという人も少なくないのです。

私は「クッションボールを使おう」と提案しています。つまり、顔を見て、本人に直接、伝えづらいときに、第三者を介してほめ言葉を贈る方法です。

ほめる人もほめられる人も伝える役割の人もみんな笑顔になります。こういう三角関係は素敵ですね。

価値語⑧⓪

笑顔は鏡

笑顔は鏡のように反射し、輝くような力を引き出します。

笑顔の人に出会うと、自然と笑顔になります。また、車で先を譲られると、自分も譲りたくなる…そんなことを経験された方も多いことでしょう。人はプラスの行動に出会うと、自分もプラスで返したくなるものです。

まだ暑さの残る9月に学年園の草抜きをすることになりました。夏休みの間に草は大きく伸びて、言葉には出しませんでしたが、抜くのはたいへんな作業だなぁという空気が流れていました。

しかし、ある人の「よーしやるぞ」という気合いの入った声と輝く笑顔のおかげで、プラスの空気が流れました。プラスの空気は次第にうねりをなし、大きな力となります。

プラスの言葉と笑顔のおかげで、あっという間に草抜きは終わりました。

社会でも笑顔の人に出会うと、それだけでとても元気になります。仏教では「和顔施（わがんせ）」という言葉があるくらいです。

笑顔を鏡のように人に映して明るい社会を作っていきたいものです。

笑顔には感染力があります。世間には色々な感染症が蔓延していますが、どうせ人に移すなら笑顔を移したいものです。

霊長類の脳には「ミラーニューロン」と呼ばれる神経細胞があり、他者の行動、特に、顔の表情を細かく認識し、真似ようという回路が備わっているようです。ですから、あなたが笑顔で接すれば、相手もまた笑顔を返してくる可能性が高くなります。

つまり、あなたの笑顔が、連鎖して、次々に笑顔の人を増やしていくことができるのです。あなたの笑顔が一隅を照らすことが、学級全体、社会全体を明るくしていくことにつながっていきます。

価値語81 大きな幸せのバケツ

人が困っているときにこそ、心を寄せ合える大きな心をもちましょう。

「自分さえよければいい」「人のことは関係ない」という考えはあまりにさびしく、冷たく響きます。心をバケツに例えると、「空っぽの小さなバケツ」と言えるのかもしれません。

一方で「人の非常時」「困難を一緒に乗り越えたい」と思える人は、「大きな幸せのバケツ」をもっていると思います。

写真は、ある子どものめがねのネジがなくなり、みんなで捜しているときのものです。ほうきで丁寧にはいたり、磁石を持ってきたり、床を手で触っていたり、それぞれが自分で考えて一生懸命に捜しています。友達の非常時を自分のことのように感じ、一生懸命に動けるのは、心に「大きな幸せのバケツ」があるからです。結局ねじは見つからなかったのですが、めがねの持ち主は、とても満たされた表情をしていました。後日めがねが修理されて掛けて来たときに、自然に拍手が湧きあがりました。

困っているときにこそ心を寄せ合える「大きな幸せのバケツ」をもっていたいものです。

共感力が人のやさしさ、人としての器量の大きさの尺度になります。

人間は社会的な存在であり、「つながり」の中で生きていく動物です。世の中に「自分と関係のないこと」なんて存在しません。

目の前にいる人の困った状況を見て、できるかぎり手をさしのべることも、共感力の表れ。思っているだけでなく、行動で示すことが大切ですね。

会ったこともない、遠くの世界に暮らす人々の苦しみや悲しみに対しても、たとえ今できることは限られていても、思いをはせ、彼らの幸せを祈ることは可能です。幸せのバケツを、地球サイズに大きくしていきましょう！

価値語82

価値の拡大

価値の意味を、主体的に拡大していきましょう。

写真は、クラスの子どもたちが主体的に、全校遊びを企画し実行したときのものです。全校児童126名で遊ぶという前代未聞の企画でした。企画・校長先生への交渉・各クラスへの呼びかけ・ルール作り・説明分担・道具の準備などをすべて自分たちで行いました。

クラスで大切にしてきた「男女関係ない関わり合い」という価値を、「男女だけでなく、年齢も関係ない関わり合い」というより大きな価値に広げ計画・実行したものでした。

小集団で生まれた価値を、場を拡大させながら、その価値をも拡大していくことは、子どもたちの視野を大きく広げていきます。

全校を動かす企画の成功により、自信を高めた子どもたちは、それぞれの委員会でも意欲的に力を発揮するようになりました。

社会生活も小集団・中集団・大集団とさまざまな規模の集団から成り立っています。小集団で培ったものを中集団へ、中集団で培ったものを大集団へと広げていくことで、価値はその意味を広げていきます。

数学に「フラクタル」という概念があります。人体内で、血管が枝分かれする形、腸の内壁の構造など、一見複雑に見える構造は、実は単純なパターンの繰り返しで構成されているのです。ごくシンプルな原則に基づいて光の点を動かすと、美しい幾何学模様が見えるのがレーザー光線のアートの原理です。

一つの学級で生みだされたアイディアや企画が、学校全体に広まり、さらに、全国に全世界に影響を与えることだってありえます。「ほめ言葉のシャワー」も、北九州市のクラスで始まった菊池先生の実践が、水面に波が広まるように、全国に広まっていきました。さらに工夫や検討が加えられて、進化していくことが期待されます。

価値語83

価値の継承

価値ある行動を伝えていきましょう。

写真は、休憩時間に手洗い場の水の流れが悪いことに気付いた6年生が掃除を始め、下級生に対して「背中で教えている」様子です。

6年生はひたすら排水溝を磨いています。誰に言われたわけでもないのです。自分たちで考えてやり始めた行動です。そこへやって来た下級生。そんな6年生の姿を見て、何かを感じたのでしょう。手を洗いに来た下級生が一人、また一人と手伝いに加わりました。

最終的に4人組になったので、「お掃除カルテット」と名付けました。

このような姿を見ると、6年生が卒業した後も、後輩たちが同じような場面で自然に力を発揮していくのではないかと思います。価値ある行動が継承されるというのは、とても素敵なことです。このようなことの一つ一つが学校文化を作っていくのだと思います。

そして価値ある行動を継承していく、「価値の継承」は、学校だけにとどまりません。家庭や地域、社会の中でも、価値あるものをつないでいってほしいと思います。

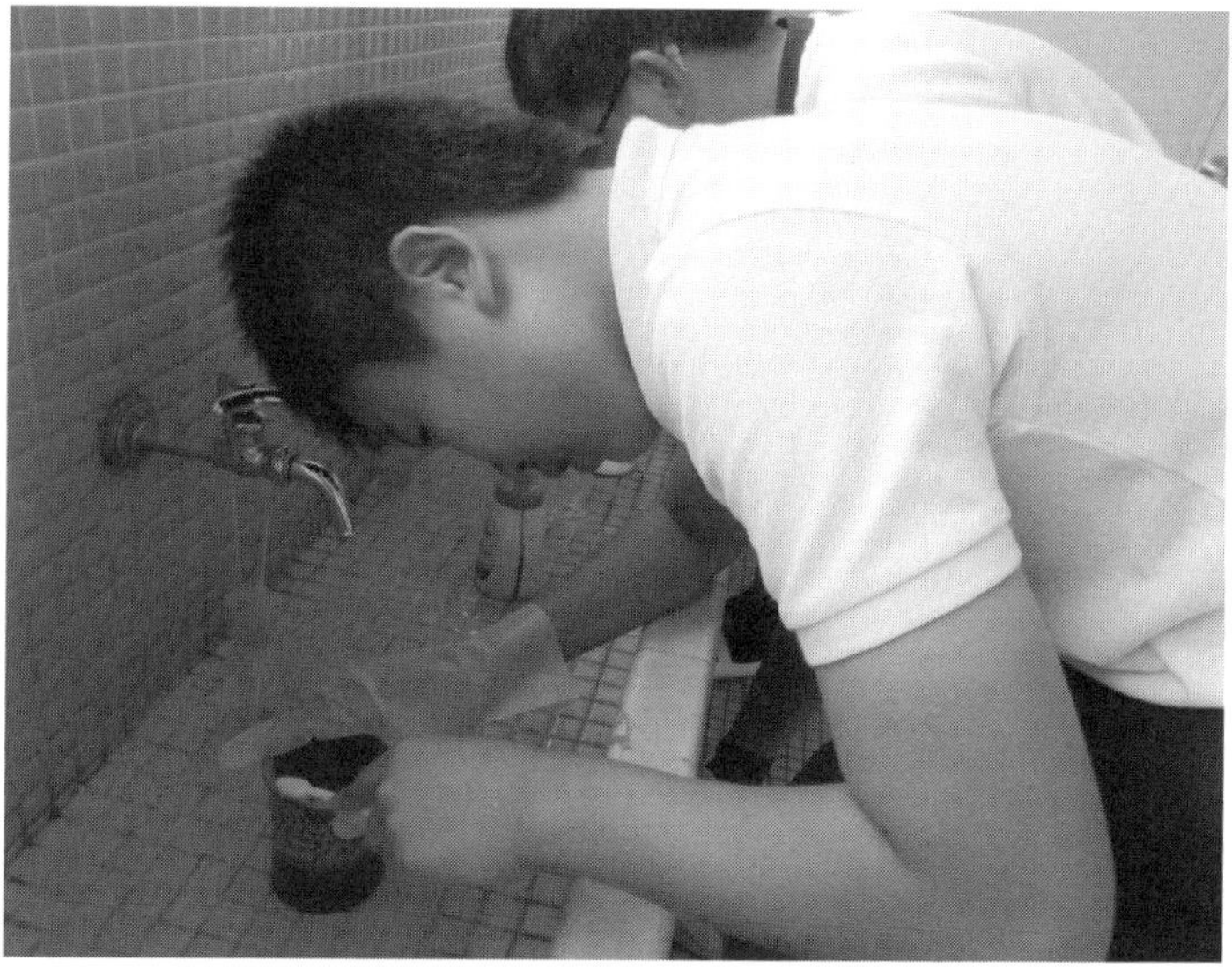

伝統文化というと、能や歌舞伎など、特別なもの、という印象をもつ方も多いのではないでしょうか？　しかし私たちの日常の暮らしそのものが生活文化であり、伝統なのです。

学校の中でも、上級生の態度や行動が素晴らしければ、下級生がそれを見習い、受け継ぎ、さらに発展させていくでしょう。これを「校風」と呼びます。歴史のある学校は、いわく言い難い独特の雰囲気をもっていることがありますが、まさに「校風」の賜物と言えるでしょう。

では、新しい学校はダメなのか、と言えば、そんなことはありません。歴史が浅ければ、自分たちが新しい価値を生みだし、伝統の創始者になっていくことができるのです。

価値語 84

観察力を磨こう

言葉や行動、特に非言語の部分、表情や仕草などまでも細やかに観察しましょう。

写真は、1年生から6年生までを対象とした道徳の授業の様子です。菊池先生は次々に子どもたちを指名し、対話される中でその子どもの態度や視線、また、対話をとおしての子どもの変容までを取り上げて価値付けされていました。

驚いたのは、こんなにたくさんの人数を相手にされているのにも関わらず、また今日初めて会った子どもたちなのに、日頃から、控えめに頑張っている「一人が美しい」タイプの子どもを次々と指名していかれたことです。

「あなた、視線がとてもいいですね」

「遠くから一生懸命に、こちらに声を届けようとしていましたね」

この女の子は、沢山の人の前で、自分のことを言っていただいて驚くと共に、とても嬉しそうにしていました。その人のもつよさを、瞬間に見抜く菊池先生の観察力に圧倒されました。

漠然と眺めているだけのとき、網膜上には何らかの像を結んでいるはずですが、認識することはできません。何かに注目して見ているときには、意識がそこに介在するので、初めて対象物を認識することができるのです。

では何に注目すれば、観察力を伸ばすことができるのでしょうか？　ポイントは二つ。

一つ目がその子の強み、「らしさ」を意識すること。概して教育者は、欠点の方を見がちですが、子どもの輝きや得意なこと、いきいきしている瞬間に着眼しましょう。

二つ目が進歩、成長。他の子との比較ではなく、その子自身の過去と比べたときの変化を見逃さないのが大切です。

価値語85 敬語は自分の世界を広げるパスポート

日本語のよさを知り、場や相手に応じた言葉づかいを大切にできる人になりましょう。

どんなに小さな子どもでも、きちんと敬語を使える人に対しては、自然とこちらも襟を正して向き合おうという気持ちが湧いてくるものです。

敬語が使える子どもは、ここからは、公であるという境界線が理解できているので、その場にふさわしい言葉を使うことができるのだと思います。同じように、目上の方に対して、敬語を使うことも日常的に身に付けさせたいものです。何かをたずねたり、お願いしたりする場で敬語が使えないと、聞いている周囲の人は違和感を感じてしまいます。

写真は、教頭先生に鍵を借りに来た子どもの姿です。笑顔の中にも背筋をピンと伸ばし、礼儀正しさが伺えます。

社会では、敬語をきちんと使える人は常識がある人として認められます。任せられる仕事も変わってくるかもしれません。日本語のよさを知り、敬語を正しく使うことで、自分の世界を広げていきたいものです。

江戸時代までの身分制社会では、衣冠や場面により、身につける装束も、立ち居振る舞いも細かく決められていました。現代社会は、かつてと異なり、服装や礼法に関する規範はずいぶん自由になりました。

今どき、敬語なんてめんどくさい、と思うかも知れませんが実は、敬語によって、コミュニケーションは円滑になるのです。

年齢差や社会的立場の違いは必ず存在するもの。目下の人から「ため口」を使われたら、気分を害する人もいます。そうなると、どんなに素晴らしい提案でも、話を聞いてもらえません。しかし、適切な敬語を用いることにより、敬意を表しながら、自分の意見を主張することが可能になるのです。

価値語 86

行動の敬語

相手を敬う気持ちを行動で表しましょう。

相手を大切に思う気持ちは、言葉だけでなく行動にも表れます。

写真は、教室で後ろの人にプリントを渡すときのものです。

「はいどうぞ」と両手で渡されると、「ありがとうございます」という丁寧な言葉と共に両手で受け取っています。

プリント一枚でも、両手で渡すのと片手で渡すのでは、印象に大きな差が出ます。

それは、その行動には、「物を大切にする気持ち」や「相手を大切に思う気持ち」が込められているからです。

このような場面を切り取ることで、心は行動に表れることや、心を込めて行動を取ることで、相手を大切に思う気持ちが伝わることにも気付いていきます。

社会に出たときにこのような場面はたくさんあります。

宅配便の方から伝票を受け取るとき、レジでお釣りを受け取るとき、…そんな将来に役立つ価値語です。

コミュニケーションが人間関係に与える影響は「言語 ＜ 非言語」です。言葉の上で敬語を用いていたとしても、態度が尊大だったり、非礼だったりすれば、敬意はまったく伝わりません。

相手からいただいた物を大切に扱おうとするとき、落としてはいけませんから、両手をそえるでしょうし、ゆっくりと動かすのではないでしょうか？　相手に敬意や感謝を表そうと思えば、自ずから、お辞儀は深くなり、頭を上げるスピードはゆるやかになるはずです。

マニュアルを使って、礼儀作法のルールを事細かに学習するのも重要ではありますが、それ以上に「心をこめて」意識して動作を行うことが気持ちを伝える秘訣です。

価値語 87

心に感嘆符を

心にいつも感動を!!

感嘆符（！）は、「びっくりマーク！」とも言われます。この場合の感嘆符は「すごいなぁ！」「わ～素敵!!」といったような感動する心を表します。

学校生活の場では、日々感動することが起こります。

写真は、専科授業で遅くなっている友達の帰りの用意をしようとしている子どもの写真です。まさにびっくり!!でした。男女の区別なく、笑顔いっぱいに行動していたからです。何と素敵な心を持っているのでしょう。

この写真から「心に感嘆符を」の価値語が生まれました。

感動する心が人をまた感動に導きます。社会生活の中で、人は、お互いに「もちつもたれつ」で生きていきます。誰も一人では生きられないのです。

「心に感嘆符を」もっていれば、人の優しさ・思いやりに気付くことでしょう。

感動の心を大切にできる人があふれると、この世の中は、きっと明るく輝くことでしょう。

「面白きこともなき世を面白く」

これは、高杉晋作の辞世の句と言われています。「毎日の生活や学習の中で、そんなに感動的なことばかりある訳ではない」と決めつけてしまうと、毎日は、同じことの繰り返し。単調な人生になってしまいます。

いきいきとした人生のポイントは、「感動する心」を発揮すること。心を澄ませて眺めてみれば、青空に浮かぶ雲の形のユニークさ、夕焼けの色の深さ、樹々の緑の豊かさなどが、とても素敵に見えてくるはず。

「この世界は感動に満ち満ちている」という立場で生きていくことが、「これが私の人生だ！」と確信を持って言うための秘訣です。

価値語 88

言葉の貯金力

よい言葉を蓄え、よい言葉を使える人になりましょう。

「ほめ言葉のシャワー」では、友達を細かく見る「観察力」と、自分の言いたいことを伝えるのにふさわしい豊かな「言葉」が必要です。

相手に伝えたいという気持ちが高まってくると、子どもたちは、自然と新しい価値語を作り始めます。自分の伝えたい気持ちにぴったりと当てはまる言葉を自ら生み出すのです。新しい言葉が出てきたら、必ず取り上げてその言葉の意味を確かめ、その子どもの前向きな姿勢を認めるようにしました。そうすることで新たな言葉を獲得しようと意識する子どもが増えて来ます。

国語辞典で調べたり、本の中から気になる言葉を引用したりと、前もってよい言葉をいくつもメモ帳に書き留めておく人も出てきました。この行動から「言葉の貯金力」という価値語が生まれました。

豊かな言葉を持ち、表現できる人になりたいものです。そのために、言葉に対する感性を磨いていきましょう。

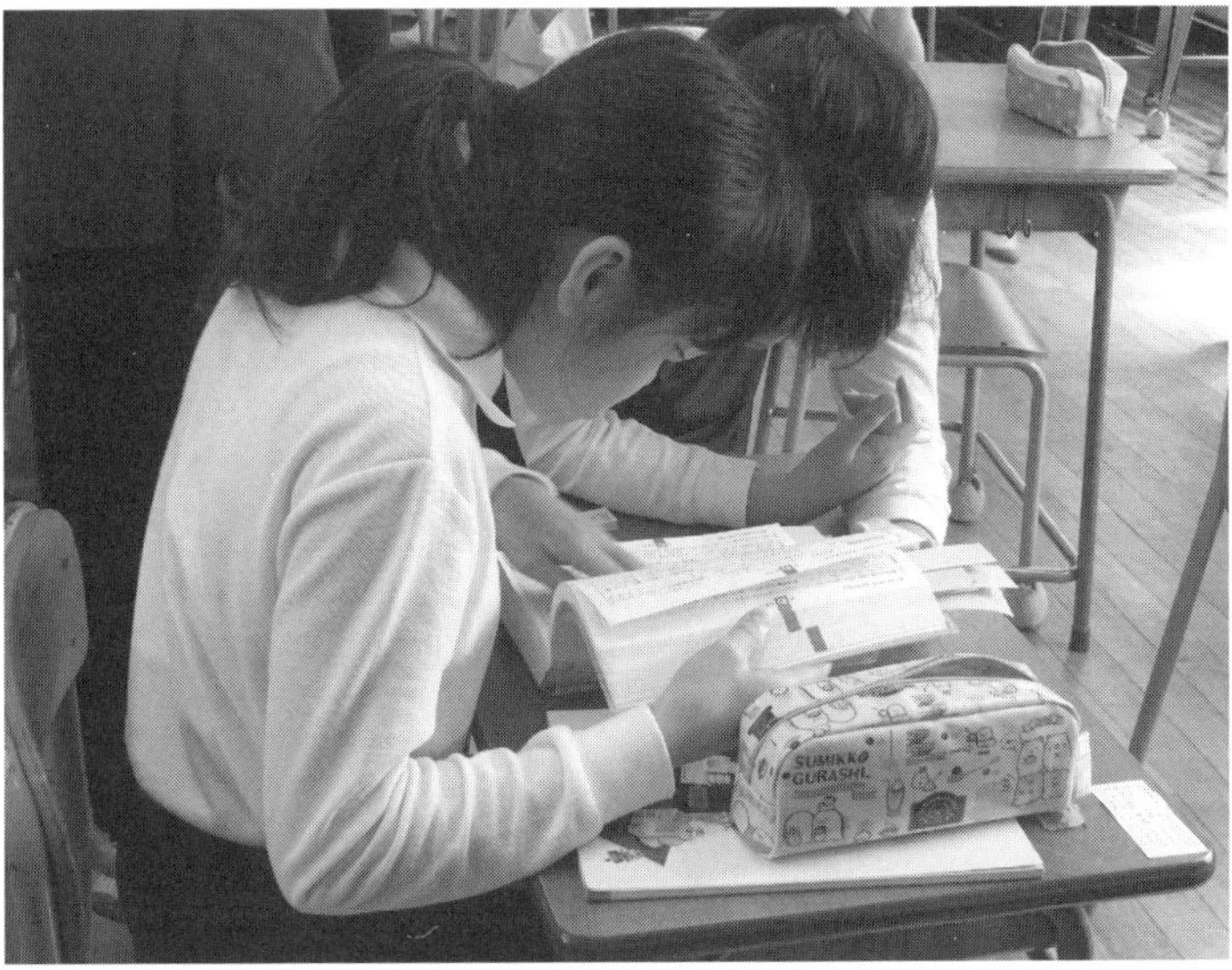

携帯電話やスマホには「予測変換候補」を示す便利な機能がついています。しかし、これが「ボキャ貧」（ボキャブラリー力の貧困）を加速しています。以前に「むかつく」と書いた人が「む」と入力した瞬間に、「むかつく」という動詞が出現するので、同じ言葉ばかり使う傾向が強まるのです。

実は、語彙力は思考力のバロメーター。「言葉の貯金」をたくさんもっている人は、物事を深く論理的に考えることができ、状況に合わせて、いちばんぴったりする表現を用いることができます。

そして、語彙力は使い続けるのがポイント。せっかく新しい言葉を覚えても使わないと宝の持ち腐れになってしまいますから。

価値語 89

思考の作戦基地を作れ！

書くことで自分の言いたいことや、思考を整理する習慣をつけましょう。

話し合いでは、自分の考えをしっかりと相手に伝えることができなくてはいけません。これは、子どもたちにとってある意味、勇気がいることです。そこで、話し合い＝知的な戦いと見立て、この価値語を提示します。「作戦基地」という言葉に子どもたちは素直にかっこよさを感じるようです。

写真はノートの作戦基地をもとに、友達と話し合いを行っている様子です。ノートに自分の考えや、出てきた意見を書き、視覚的にとらえることで、自分たちが言いたいことがはっきりとしてきます。グループでの話し合いも作戦会議という感覚で、たいへん意欲的になってきます。

教師の板書を写すだけのノートではなく、思考の流れを書くという取り組みと工夫がどの学年でも必要です。

この人の話は、分かりやすいなと思う人は、たいていノートをうまく使って仕事をされる方でした。日頃から、自分の考えを整理して相手に伝える習慣をつけましょう。

どんな場合でも「いつもと同じパターンを繰り返す」ことを「短絡的」と言います。これでは進歩につながりません。

「どのようにすれば目標を達成できるか、しっかり考え、複数の選択肢から最善のものを選ぶ」ことを「戦略的」と言います。たとえば、班で話し合ったことを発表する場合も、「どのようにすれば、効果的に伝えられるか」をしっかり考えて工夫するチームは、優れたプレゼンテーションを行うでしょう。

思考のプロセスはそのままでは目に見えません。そこで、図にしたり、文字で整理したり、「見える化」することにより、メンバー間で共有でき、さらによい知恵が集まるようになります。

価値語 90

自己紹介の達人になろう

印象に残る自己紹介をもちましょう。自己紹介は、自分の特徴や個性を相手に伝えるチャンスです。

おそらく、人生の中でいちばんたくさんしなければならないスピーチが自己紹介です。できれば、分かりやすく、そのままの自分のよさを相手に知ってもらいたいものです。

まずは、どんな自分を相手に知ってもらいたいのか考えます。「明るく元気な自分」「落ち着きのある自分」などです。

次に、相手に伝わるようなネタを集めます。「自分の事実」「自分の性格」「自分の価値観」といった視点で集めると大切なことが伝わります。この時、自分の特徴を表す動物や野菜に例えるのもおもしろい方法です。「ぼくは動物に例えると、さるです。面白いことはないかといつも周りを見ているし、その分みんなのこともよく知っています」

クラスで行った自己紹介では、このように動物に例えることで、気取らず楽しみながら自分を表現することができていました。

相手に強く印象付ける、このような自己紹介は子どもたちの宝物になると思います。

一般に日本人は、自己紹介を苦手だと感じているケースが多いようです。あまり自己主張しない方がよいだろうとブレーキをかけると、工夫も少なくなり、印象に残りにくくなります。それではもったいない。

自己紹介は、自分のためにするのではなく、相手に自分の強みを理解していただくのが目的。全体に貢献できる可能性を高めるために行うものです。

そのためのポイントは三つ。まず、笑顔で大きな声で名前をはっきり言う。第二に、得意なこと、自分の強みは何かを入れる。第三に、自分らしい映像が浮かぶように話す。

ぜひ、何回も練習して、自己紹介の達人になりましょう！

価値語 91

長幼の心

年上の人が年下の人をいたわりましょう。

孟子の「長幼の序」から生まれた言葉です。長幼とは、年長者と年少者の序列を表します。「長幼の序」とは、年長者が年少者を慈しみ、年少者は、年長者を敬うという意味があります。

写真は、たてわり班（1年生から6年生まで構成される班）で遠足に行ったときのものです。年長者である6年生が、年少者である1年生のけがの手当てをしています。心配そうに見守る6年生の姿も美しいです。年上の者が年下の者をいたわる。自然な姿だと思います。このような場面を価値付けることで、お互いを思いやる心が芽生えていきます。

一般社会では、年上の者が年下の者をいたわり、年下の者が年上の者を敬うことを大切にしていってほしいと思います。年齢に関係なくいたわり合いの心をもつことが、人と人との関わり合いをより豊かにしていくのではないでしょうか。

それらが、自他の生命を尊重する心へとつながっていくのです。

学校のクラスも、塾も学年で輪切りが原則ですから、同級生とのつきあいが人間関係のほとんどを占めます。さらに、少子化社会は一人っ子が多い社会。一人っ子には、一人っ子の良さもありますが、兄弟・従兄弟など、年齢の異なる人とのつきあう機会が少なくなる傾向があります。

学校の重要な機能は「社会化」。自分と異なる他者と人間関係を結ぶトレーニングをする場なのですが、今の時代、「世代間コミュニケーション」を意識的に増やしていく必要があるでしょう。

その意味で「たてわり班」で遠足に行ったり、給食を食べたりするのは、きわめて有意義なことなのです。

価値語92

出る声を出す声にしよう

意識して、その場にふさわしい声を出すことを心がけましょう。

学習の場面では、互いに相手に伝わる声でしっかりと声を出すことが必要です。しかし、自分から進んで声が出せるのは、日ごろから積極的な子どもたちに限られます。

写真の子どもからは、自分から声を出そうという姿勢が感じられます。何もしなくても自然に「出る声」ではなく、相手に伝えようと意識して出す「出す声」です。「出す声」にするためには、相手に伝えよう、伝えたいと思う気持ちが大切です。また、他の子どもたちの聞く姿勢も関係してきます。写真を見ても分かるように、周りの子どもたちはみんな話す子どもに向かっています。クラス全体に聞いてもらえるという安心感があると、発表する子どもは自信をもって話すことができます。

「声だけでもその人の実力が分かる」とは、菊池先生の言葉です。その声が相手を意識したものであるのか、どれだけ本気なのか、声で心が伝わります。社会に出たときに通用する実力を子どもたちにつけていきたいものです。

昔の子どもと比べると、都会育ちの現代っ子は、大きな声を出す機会が大幅に減っています。空き地や公園で遊ぶことは少ないでしょうし、感度の良い携帯電話で話をする場合、小さな声でも相手に通じてしまいます。

ですから、運動会の応援や合唱など、よほど意識しなければ、口を大きく開いて「通る声」を出そうと思いません。しかし「伝える」ことと「伝わる」ことが違うように、「出る声」と「出す声」も異なります。

相手に伝えたいという気持ちで立ち、腹式で深く呼吸をして、一語一語はっきりと声を出すと、迫力が格段にアップします。「プレゼンテーション能力の向上」の第一歩は、意識して、大きな声を出すことです。

価値語93

忍者思いやり力

さりげない心遣いをしましょう。

大人の社会でも、大きな仕事の後に、メッセージやコーヒーなどが机上に置いてあると、「どなたが置いてくださったのかな？　どなたが入れてくださったのかな？」と感激するものです。「忍者思いやり力」とは忍者のようにさりげない行動の思いやりのことです。

写真は、あるグループが、修学旅行先のホテルから出発する際に、畳んだ布団の上にお礼の手紙を置いていたものです。お世話になったホテルの方へのお礼の気持ちを書いていました。

式でのお礼の言葉に加えて、このように、そのときに感じた生の思いを言葉で伝えることは、より人と人との心をつないでいきます。家からメモ用紙を用意してきていたことにも感動するできごとでした。

「礼儀とは心の表れ」と言われます。礼儀をさりげなく伝えることは、日本人の美徳の一つだと言えます。美徳を重んじる日本文化。グローバル社会になった今でも、いや、今だからこそ大切にしたい思いやりです。

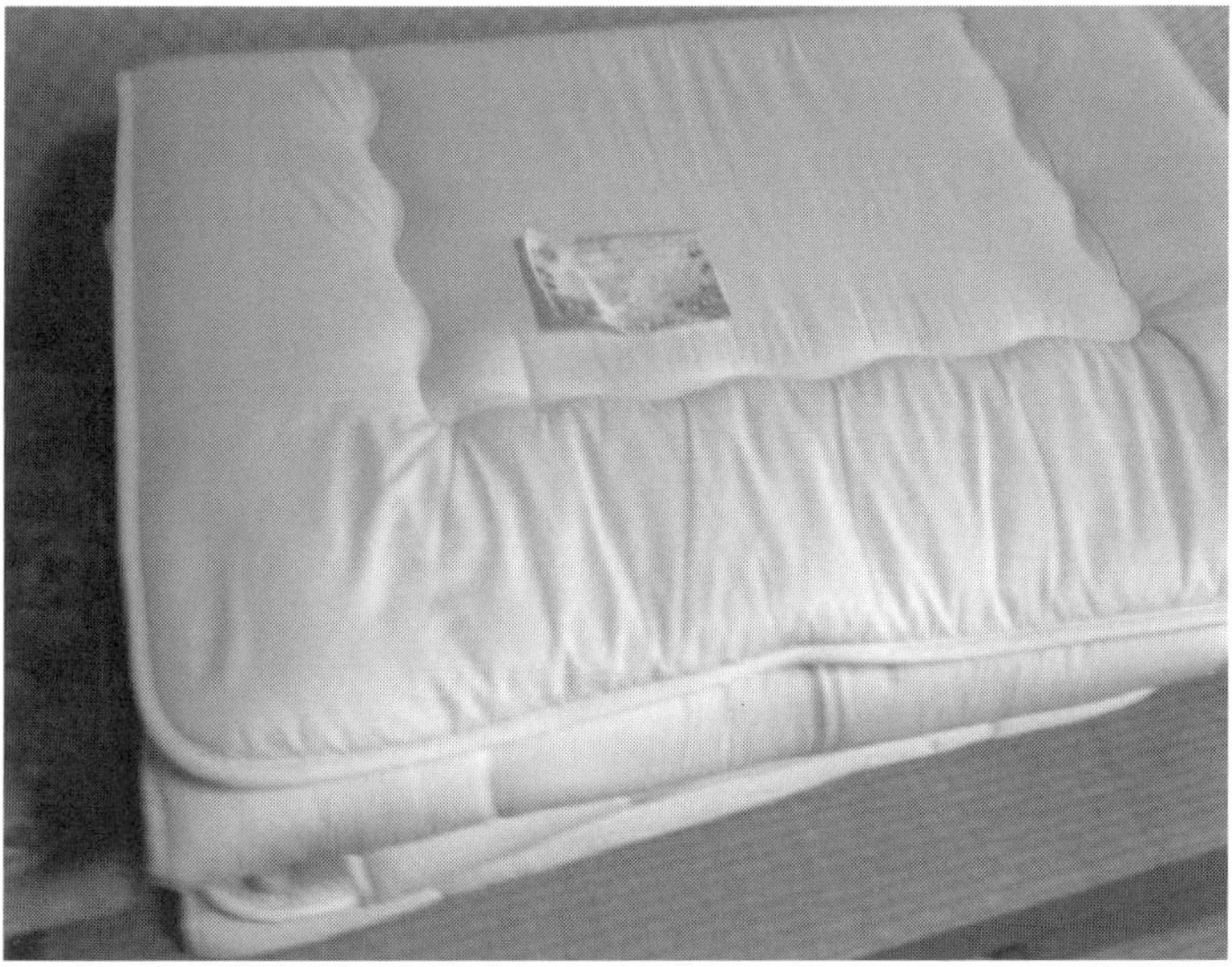

「思いやりのある人」とは、相手を思っているだけでなく、「行動に移している人」です。思っているだけではなかなか伝わりません。

他方、「私はこんなにあなたのことを思っています！」と大声で叫ぶのも違和感を免れません。おそらく、そういう人は、相手のためではなく、自分のためにその行動をとっているのではないでしょうか？

相手のことを大切に思いつつ、さりげなく感謝の気持ちを伝える奥ゆかしさは、日本古来の伝統的な美徳です。

特に剣道や茶道では「残心」の美しさが強調されます。試合やお手前が終わった後、美しい余韻が心の中に残るような所作・振る舞いが尊ばれるのです。

価値語94 人と意見を区別する

話し合いを公の場と捉え、自分の考えも相手の考えも尊重する態度を身に付けましょう。

話し合い活動を行っていると、自分の考えではなく、子ども同士の人間関係が子どもたちの判断の基準になってしまっていることに気付くことがあります。仲良くしている子の意見にいつも賛同したり、自分に反論されたことに対して、必要以上に感情的になってしまったりするような場面です。そこで、教師の働きかけが大切になります。

話し合いをより知的に行っていくためにも、子どもたちに以下の2点を確認します。

1つ目は、自分の考えを明確にすることです。またその根拠を大切にさせます。「どうして、そう思ったの」「理由は」この問いかけにより、子どもたちはより深く考えることができるようになります。

2つ目は、意見を交流することは、よりよい方向性を見出していくことで、人を攻撃することではないということです。

お互いの意見を大切にしていくことが、話し合いなのだと理解させます。

この写真、多くの日本の政治家に見せたい一枚です。与党ｖｓ野党というように立場を異にする人の意見には、それがどんなテーマであれ、全部反対し、後から理由をこじつけるような「闘論」の場面がよく見られます。

人と意見を明確に区別し、誰の発現であったとしても、賛成すべきは賛成し、反対すべき論点には反駁するのが、正しい議論の仕方です。そうでなければ、議論は平行線のまま、不毛な対立が続くだけですから。

小学校時代から、ディベートの練習を行うこと、さらに、セッションごとに立場を入れ換え複数の立場に立って議論するのは、論理的思考力とプレゼンテーション能力の向上に、きわめて有効です。

価値語95

人に正対せよ

話を聴くときには、心も体も話す人の方に向けて真剣に聞きましょう。

正対するとは、写真のように話し手と聞き手がきちんと向かい合った姿勢です。自分の両方の肩で相手をはさむというイメージです。お互いに相手の目をしっかりと見ている様子からも、姿勢だけでなく、心も相手に向かっていることが分かります。形を整えることで、自然と気持ちが相手に向かいます。また、真剣に相手に伝えようとする心が、外見も美しいものに変えていきます。

クラスの中に正対という言葉が浸透すると、子どもたちから

「正対してください」

という言葉が自然と出てきます。きちんと話を聴いてほしいときです。自分の話を聴いてほしい、友達が話しているから聴いてほしい。正対とは、子どもたちにとって相手を大切にするという行為なのです。

よく発表するクラスには、聴いてもらえるという安心感が土台にあるように思います。心と身体を向け、全力で聴くという、コミュニケーションの基本を育てていきましょう。

「正対する」の反対語は「斜に構える」。学校や教師に対する反発心が露わになると、身体姿勢も「斜に構えて」座るようになり、もちろん、気持ちも否定的になります。

そして「斜に構えた」人の発言は、だいたい「他責的」。「俺が悪いんじゃない。俺がこういう状態なのは、○○のせいだ」という被害者的な言動に終始することが多いようです。

人と「正対する」ときに、心の構えもまっすぐになります。それは状況を「誰かのせい」ではなく、「誰かのおかげで」ととらえる感謝に満ちた正々堂々とした態度になるでしょう。

立派な心構えをもつためには、まず、身体姿勢を正すところから始めるのが近道なのです。

価値語96

100m越しのあいさつ力

たとえ距離が離れていても、相手を思う気持ちを大切にしましょう。

あいさつは、「挨拶」と書きます。「挨」には心をひらく、「拶」にはその心に近づくという意味があります。あいさつは、人と人との関わり合いを豊かにする上でとても大切なことです。

写真は、朝の運動場の様子です。こちらに向かって深々とあいさつをしている子どもたちがいます。

この子どもたちのように、例え100メートルほどの距離が離れていても、相手を思い、丁寧にあいさつをする姿は尊いものです。

この価値語が誕生したことで、すすんで相手を見つけてあいさつをするという意識が芽生えました。最初は高学年を中心としたあいさつでしたが、次第に学年を超えてその輪は広がっていきました。

その意識が校内だけでなく、地域にもあいさつの輪として広がっています。地域の方々からも、「すすんであいさつをしていますよ」「いまどき素晴らしいですよ」などの声がたくさん聞かれるようになりました。

「挨拶」の語源は、禅宗の僧侶が、相手の悟りの深さを試すために問答を行ったところから。弟子にとっては、師匠から質問を受けた一瞬に、全身全霊を傾けて、最善の答えを発する真剣勝負の場面だったのです。

現代社会における「挨拶」は、もっとなごやかな儀礼的な文脈で使われますが、挨拶の仕方、一挙手一投足にその人の全人格が表れるのも、また事実と言えます。

遠く離れていたとしても、相手の存在を確認し、その人に対して、心をこめて頭を下げれば、気持ちは伝わります。逆に、至近距離にいても、仕方なくお辞儀をするだけでは、人間関係は深まりません。毎日の挨拶も、人間的成長の大きなトレーニングなのです。

価値語97 やさしさのリレー

やさしい気持ちは、リレーのようにつながっていきます。

スーパーのレジで先に順番を譲ると、ささいなことでもその場の空気が温かくなります。

あるとき、プロのサッカー選手とミニゲームをすることになりました。時間の関係で一部の児童だけしかできません。プロ選手とのミニゲームとあってほとんどの子どもたちが希望しました。ところが、朝から晩まで練習をするようなサッカー漬けの少年が、じゃんけんで負けてしまったのです。

そんな思いを知っているクラスの男の子が、自分の権利を譲る交渉を、担当の先生に涙ながらにしに行きました。感動した担当の先生は、プロチームに交渉して、希望者全員がゲームをできるようにしてくださいました。

友達のやさしさを肌で感じたその子どもは、今まで以上にやさしくなりました。やさしくされた子はまた他の子にもやさしさを、「リレー」をしていくかのようになりました。

世の中全体の空気を暖めるかのような価値語です。まずは自分から「やさしさ」を発信しませんか。

サンフレッチェ広島・林卓人選手と子どもたち
（掲載許諾：サンフレッチェ広島）

「感化される」というのは、誰かの行動や言動によって、良い影響を受けること。強制されるのではなく、「あー、これは素晴らしい」と感じたときに、自発的に自らの行動をバージョンアップしていくことです。

教師が子どもたちに向かって「友達にやさしくしなさい」と怒鳴っても逆効果。教師の姿勢がやさしさのお手本になっていなければ、メッセージは伝わりません。壁に貼られたポスターの文字が怒っていることもありますね。

つまり言語レベルで「やさしさ」を解説することよりも、教室内・学校内を「やさしい行動」の非言語メッセージで満たしていくことが、やさしさの連鎖反応を生むのです。

価値語98

揺れながらも安定

ピンチをチャンスに変えよう。

法隆寺の五重塔が１３００年以上も倒れずに現存している一つの要因は、その塔のつくりにあると言われています。具体的には、法隆寺の五重塔はわざと揺れる構造になっているということらしいのです。まさに「揺れながらも安定」しているのです。

　集団の中でも同じことが言えると思います。写真は、学級の雰囲気が緩んでいると自覚した子どもたちが、気を引き締めるための言葉を子どもたち自身が考えてホワイトボードに書いているときのものです。

　学級の雰囲気が緩むというのは、法隆寺の五重塔で言えば「揺れている」状態だと思います。揺れながらもその揺れを自覚し、倒壊しないように、心柱（＝引き締めるための言葉を考える）で支える。

　学級の雰囲気が緩むというのは、「ピンチ」ですが、こうして自覚し、戒めるための言葉を考えて全体に投げかけることで、集団は成長していきます。まさに「揺れながらも安定」していくのです。

サーカスの綱渡り。両手を大きく広げて、あるいは、長い竿を横に持って、見上げるような高いロープの上を歩いていきます。ロープもたわみますし、歩く人も左右に揺れながら進んでいきます。これを「ダイナミックなバランス」と呼びます。

揺れないように硬直すると、ほとんど歩くことなく、すぐに落下してしまいます。もちろん、揺れすぎると、前に進めません。

コツは、ゆっくりと揺れている自分を感じること。身体は前後左右に揺れたとしても、「揺れるのが当然」と達観していれば、心は動揺することなく、泰然自若としていられます。物事を進めていく上で、多少のトラブルはあっても、前に進んでいくことが大切です。

価値語99

ラベルを決めて端的に話せ

結論先行型で、相手に分かりやすく論理的に話すことを意識しましょう。

結論を先に言って、言いたいことをより分かりやすく相手に伝えましょう。

「○○さんは、『一人が美しい』人だと思います。理由は掃除の時間に、隅のほこりまで一人で黙々と取っていたからです」

というように、伝えたいことを先に言ってから、理由を言うのです。ここでの、「一人が美しい」のように、価値語や四字熟語を使ってラベリングをすると、より相手の印象に残ります。何も考えずに話すと、自分の思いばかりが先行してしまい、言いたいことがどこにあるのか分かりません。まとまりのない話は、海外では全く聞いてもらえないそうです。「結論を先に」と子どもたちに伝え、練習すればすぐにどの子どもも相手に分かりやすく伝えることができるようになっていきます。

さらに、国語辞典や四字熟語辞典を傍らに置き、ラベリングの言葉を捜そうとする子どもが出てきます。このような子どもを見つけ、価値付けしていきます。

「結論を先に、後からその理由を述べる」方式は、ディベートではよく用いられますが、一般に、この話し方の方が分かりやすく、相手の理解度も上がります。

否定語が文の初めの方に置かれる英語と異なり、日本語は否定語が最後に来るので、相手の顔色を見ながら、「○○と思わない訳ではないのですが」などと、賛否を留保しながら、相手に同調する話し方が発達したと言われています。しかし国際社会では通用しません。

結論を言い切るには勇気が必要です。ひょっとするとその意見をもっているのは自分だけかも知れません。しかし「一人が美しい」「一匹目のペンギン」を信じて、自論を明言したいものです。

価値語100

理解し合うスタートは「きくこよね」

質問をするには、考える力が必要です。相手をより深く知るための質問をしてみましょう。

き―きっかけ　く―苦労
こ―コツ　よ―喜び　ね―願い

「質問しましょう」というだけの指示では、質問された方が、「はい」、「いいえ」だけを答えるような浅いやりとりが続きます。また、自分の好きなことを質問し、一部の子どもたちだけで盛り上がってしまうような場面も見られます。

子どもたちに、相手の考え方や内面を引き出せるような質問が良い質問であることを伝えます。

会話が上手い人は聞き上手であり、相手の気持ちを引き出すような質問ができる人だと言われます。

「聞いてみたい！」その根底には、相手のことを知りたい・理解したいという思いがあると思います。このような相手軸をもった子どもたちを価値付けていくことで、クラス全体に相手のよさを引き出そうとする雰囲気が広がっていきます。

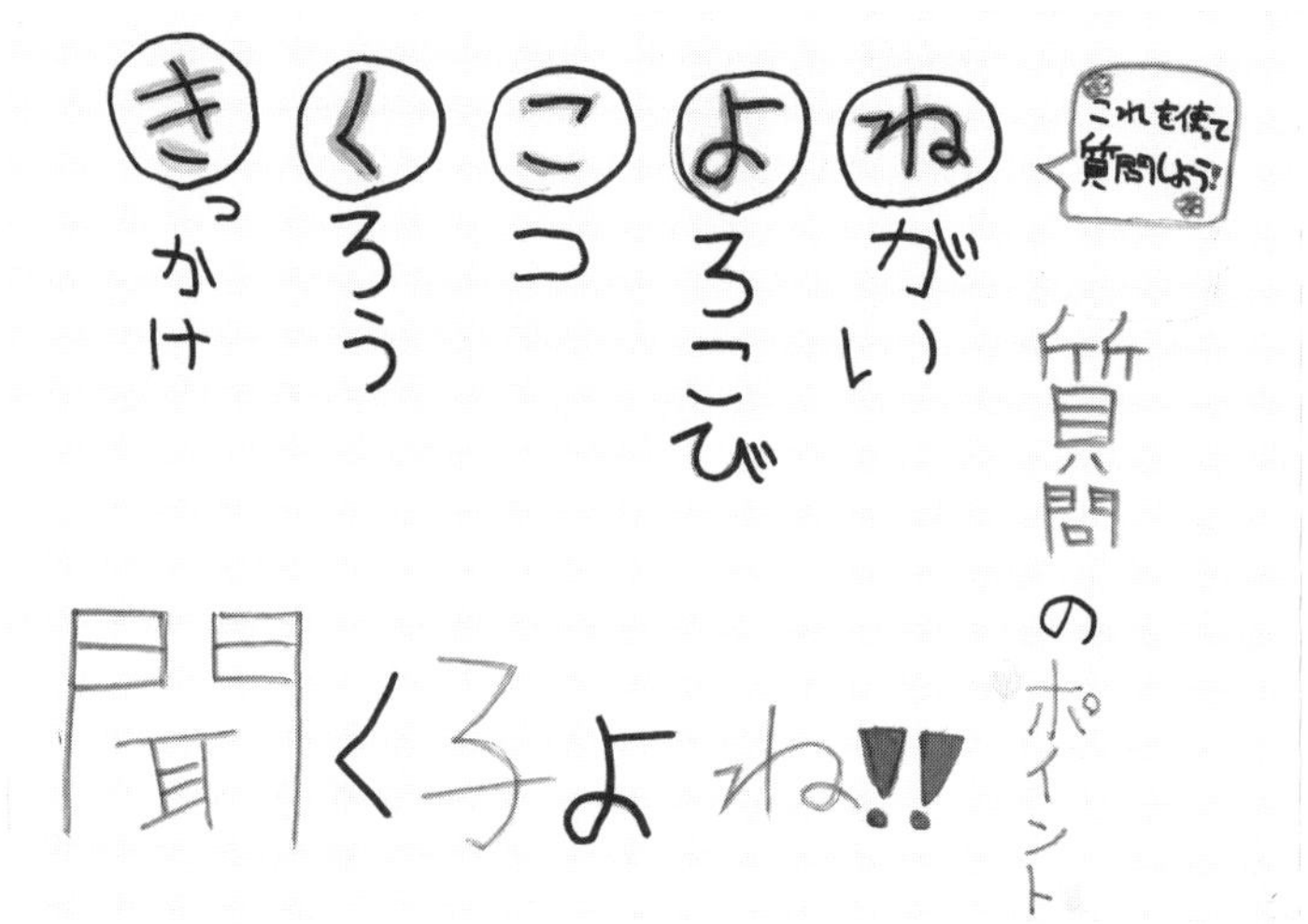

私のコーチングの研修では「ヒーローインタビュー」が定番になっています。野球の試合の後、最も活躍した選手がお立ち台に上がってインタビューを受けるパターンです。

大人でも、子どもでも、「いちばん頑張った話、うれしかった話」を5分くらい具体的に細かく語ってもらいます。すると、話し手のエネルギーレベルは上がり、聞き手との心理的距離が縮まって親しさが増します。

「きっかけ、苦労、こつ、喜び、願い」はまさに、ヒーローインタビューの王道をいく質問の着眼点。「大変でしたか?」と「イエスかノーか」で尋ねるのではなく「どこが大変でしたか?」などと、オープンエンドクエスチョンで引き出すのが質問のこつです。

第七章

「価値語」が生きる教室から

――広島県広島市立山田小学校　児童作文

自分にとって価値語とは

6年　酒井　駿

ぼくにとって価値語とは、「光を反射する鏡」のような存在です。

光を反射する鏡はとても明るくて、いつもの鏡の三倍以上明るいです。

ぼくが価値語と出会うまでは、他の人とけんかをしていて、「心の鏡」によごれがついていて、光も反射していませんでした。

でも価値語に出会ってから、けんかも減ったし、だいたいのことは気にしない、大きくて大らかな心を持つことができました。

今の「心の鏡」は、よごれもなくて、光を思いっきり反射しています。

また、鏡が反射した光は、先を照らしてくれます。それと同じように、価値語は分かれ道に出会っても、よい方を照らしてくれます。

例えば、「急いでいるから、ろうかを走ろう。」という気持ちと、「急いでいるけど、ルールを守って歩こう。」という分かれ道にぶつかっても、価値語は正しい道を照らしてくれます。

このように価値語で、今後の人生も変わると思います。自分だけではなく、周りの人たちも変えることができます。

だからぼくにとって価値語とは、「光を反射する鏡」のような存在です。

自分にとって価値語とは・・・

酒井 駿

ぼくにとって価値語とは、「光を反射する鏡」のような存在です。理由は、光を反射する鏡はとても明るくて、いつもの鏡の三倍以上明るいです。ぼくが価値語と出会うまでは、口げんかをしたり、妹ともよくけんかをしていてまだ心の鏡によごれがついていて、光も反射していませんでした。でも、価値語に出会ってから、妹とのけんかも減ったしだいたいのことは気にしない大きくておおらかな心を持つことが出来ました。この今の心の鏡は、よごれもなくて「光を思いっ切り反射している鏡」の心を持つことが出来ました。

（すてきな表現です。）

また、鏡が反射した光は先を照らしてくれます。それと同じように、価値語は、分かれ道に出会っても、良い方を照らしてくださいます。例えば、「急いでいるから、ろうかを走ろう」という気持ちと、「急いでいるけどルールを守って歩こう」という分かれ道にぶつかっても、価値語は正しい道を照らしてくれます。

（なるほど!!）（この思考の転換、大切ですね。）

このように価値語は、今後の人生も変わると思います。自分だけではなく、周りの人達も変えることが出来ます。なので、ぼくにとって価値語とは、「光を反射する鏡」のような存在です。

「光を反射する鏡」…ただの「鏡」ではなく、「光を反射する鏡」というところに大きな意味を感じます。

「心の鏡」によごれもなく、くもりもないからこそ、たくさんの「価値ある行動」がとれるのです。

今日の「白い黒板」で、〈テーマ 九～十二月に成長したこと〉

「気がゆるみそうなふわふわした空気の時にも、自分で自分にブレーキをかけられるようになりました。」と言っていましたね。ますます、「心の鏡」がぴかぴかに磨かれているのだなあと思いましたよ。

感動をありがとうございます。

自分にとって価値語とは

6年　上玉井　穂華

私にとって、価値語とは、「額縁」のような存在です。

額縁は、ある絵をより輝かせる力を持っていると思います。星一つの絵を、額縁に入れることによって、星三つの絵にすることだってできると思います。

たとえ小さな思いやりの行動も、価値語を当てはめることによって、大きな物事に変わると思います。

また、このような価値語は、やる気や思考力などを生み出すと思います。

例えばAくんがよい行動をとったとします。それにぴったりの価値語を考えます。するとAくんは、やる気が出て、またよい行動をとります。

そして、Aくんは「自分がとった行動は、どんな価値語とつながっているのだろう。」と考えることができ、思考力も伸びると思います。

私は、価値語があるから、一つ一つの行動に意味を持って取り組むことができます。だから、何となくでやることがなくなりました。

これからも、一つ一つの行動に意味を持って取り組みたいです。

自分にとって価値語とは

6年　日浦　聡太

ぼくにとって価値語とは、「一年間の足跡」であり「友達」だと思います。

ぼくたちは、成長するたびに価値語ができました。どんなに遠くてもあいさつができたから「百メートルごしのあいさつ力」ができました。準備する力がすばらしかったから「秋のりす力」ができました。

まだまだ他にも数えきれないほど成長し、その度に価値語が生まれました。

そして、そこに残る足跡に価値語が刻まれてきました。

価値語のおかげでぼくは大きく成長することができました。それまでと比べると、進んで発表できるようになったし、文章も今までよりもたくさん、そして濃い内容が書けるようになったと思います。学校も、今までより楽しくなりました。

これもすべて価値語という存在があるからです。価値語は、大事な「友達」なのです。

そしてぼくは、まだまだまだまだ成長できます。

だから、これからも「価値語」という足跡をつけながら成長していきたいです。

自分が大切にしている価値語と自分の成長

4年　小田　一輝

ぼくが自分で大切にしている価値語は、「相手軸」です。理由は、「相手軸」で相手がされたいかされたくないかを、自分のことのように考えて、相手に、いやなことをしないで、よろこぶことをいっぱいしてあげたいからです。

そして、ぼくが「相手軸」で成長したと思うことは、相手のことを自分の立場で考えることです。それはやさしくなれる前ぶれだと思います。理由は相手のことを自分の立場で考えれるということは、相手がよろこぶことをして、かなしむことはしないということだからです。

ぼくは、この「相手軸」を大切にして、もっともっと成長していき相手のいやなことをしないで、いいことをする人になりたいです。

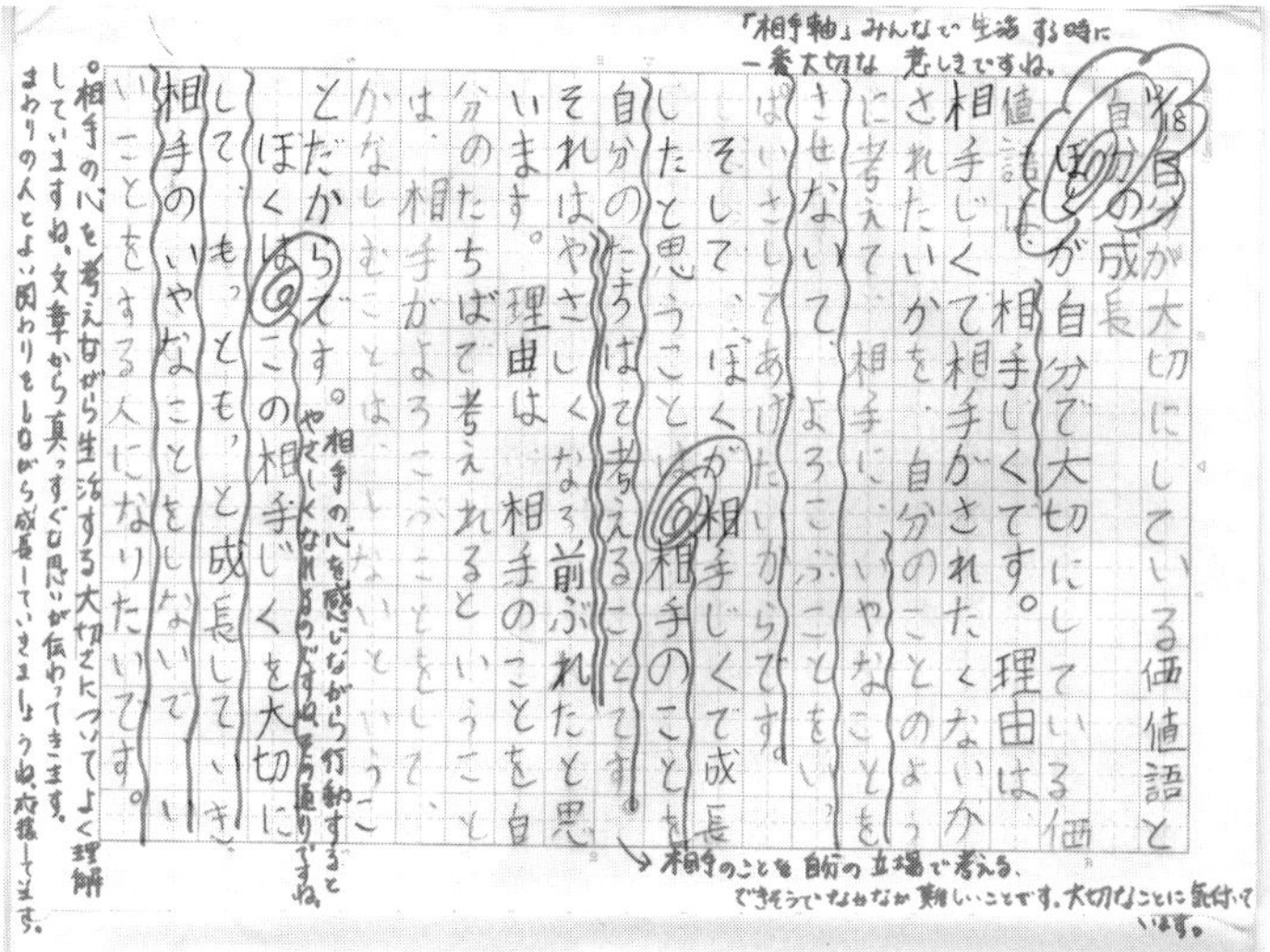

自分が大切にしている価値語と自分の成長

4年　岩永　修翔

ぼくが大切にしている価値語は二つあります。

一つ目は、「無言待機力」です。理由は、運動会の練習をしている時期に先生に「無言待機力」という価値語を教えてもらって、そして練習のときにやっていると先生の話がスムーズに進んでたくさん教えてもらってできるようになったからです。

二つ目は、「本気になれ」です。理由は、つかれていたりめんどくさかったりすると「本気になれ」という価値語を頭に入れると、なににでもがんばることができるからです。

この4年生になって価値語をいしきしていくなかで変わったことは、心が何にも向かえる強い心と、決断力がついたと思いました。だからいつでも価値語を大切にしようと思いました。

自分が大切にしている価値語と自分の成長

4年　神門　柚杏

私が一番大切にしている価値語は二つあります。

一つ目は、「今の一瞬力」です。意味は、人生は一度きりで、今この一瞬も人生の間なんだ。という意味です。私がこの価値語と生活してきて、成長したことは、一日の過ごし方が変わったということです。どのように変わったかというと、例えば、きちんと先生の話をきいていれば、それは人生の中の良い結果になります。でもふざけている一瞬があれば、人生の中の悪い結果となってしまいます。そんな事を自然と考えれるようになっているのが成長です。

二つ目の大切にしている価値語は、「輪力」です。意味は、共に学び、共に遊べるクラスの友達を大切にするという意味です。私がこの価値語を意しきして、成長したことは、友達と仲よく生活できることです。

価値語は人を成長させてくれる、だからこれからも、新しい価値語をふやして成長していきたいです。

「価値語１００」の中の以下の項目につきましては、内閣府ＮＰＯ法人（府国生第５３４号）暮らしの寺小屋ライフサイエンス代表の中村淳子先生による「人間学」の学びを参考にしています。

⑮子どもとしての責任
⑲食べることは生きること
㉛裏を美しく
㊶的確な判断力
㊻人としての１００点を目指す
52 １秒を０・５秒で動く
60 そのままの自分がいい
72 待たせるより待てる人に
77 頭の良さは耳の良さ

「ほめ言葉のシャワー」について

本文中で幾度か紹介されている「ほめ言葉のシャワー」は、菊池省三先生のオリジナル実践で、一人ひとりのよいところを見つけ合い伝え合う活動です。一人１枚日めくりカレンダーを描き、その日を描いた子が終わりの会で教壇に上がり、残りのクラス全員から「ほめ言葉のシャワー」を浴びます。

●著者紹介

菊池省三（きくち・しょうぞう）

1959年生まれ。菊池道場・道場長。元福岡県北九州市公立小学校教諭。文部科学省の「『熟議』に基づく教育政策形成の在り方に関する懇談会」委員。平成30年度　高知県いの町教育特使。大分県中津市教育スーパーアドバイザー。三重県松阪市学級経営マイスター。岡山県浅口市学級経営アドバイザー　等。著書は、「温かな人間関係を築き上げる『コミュニケーション科』の授業」「子どもたちが生き生きと輝く 対話・話し合いの授業づくり」「教室の中の困ったを安心に変える102のポイント」（以上　中村堂）など多数。

本間正人（ほんま・まさと）

1959年生まれ。京都芸術大学教授。NPO学習学協会代表理事、NPOハロードリーム実行委員会理事。松下政経塾研究部門責任者などを経て、NHK教育テレビ「実践ビジネス英会話」の講師など歴任。「教育学」を超える「学習学」を提唱し、コーチングやファシリテーション、キャリア教育、国語4技能など、幅広いテーマで活動を展開している。著書は「相手をその気にさせる『ほめ方』やる気にさせる『しかり方』」（ロングセラーズ刊）「知識ゼロからのほめ方&叱り方」（幻冬舎刊）「できる人の要約力」（中経出版刊）など多数。

《菊池道場》

重谷由美

赤木真美

※2021年4月1日現在

◆本書の写真は、児童本人および保護者の了解を得て、掲載しています。

価値語100　ハンドブック

2016年２月11日　第１刷発行
2021年５月15日　第６刷発行

著　／菊池省三　本間正人　菊池道場
発行者／中村宏隆
発行所／株式会社　中村堂
〒104-0043　東京都中央区湊３-11-７　湊92ビル４F
Tel | 03-5244-9939　Fax | 03-5244-9938
ホームページアドレス | http://www.nakadoh.com

編集協力・デザイン／東原さつき
印刷・製本／シナノ書籍印刷株式会社

ISBN978-4-907571-22-1

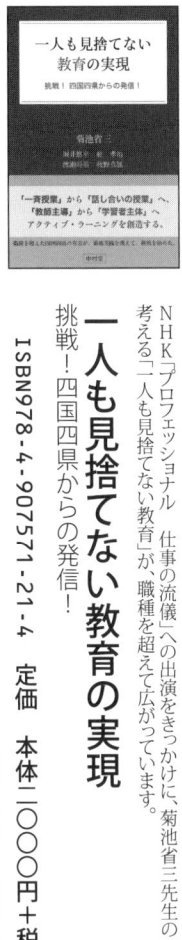